A família espírita

Yvonne A. Pereira

A família espírita

1º Livro

FEB

Copyright © 1973 *by*
FEDERAÇÃO ESPÍRITA BRASILEIRA – FEB

1ª edição   Impressão pequenas tiragens   4/2025

ISBN 978-85-7328-811-7

Todos os direitos reservados. Nenhuma parte desta publicação pode ser reproduzida, armazenada ou transmitida, total ou parcialmente, por quaisquer métodos ou processos, sem autorização do detentor do *copyright*.

FEDERAÇÃO ESPÍRITA BRASILEIRA – FEB
SGAN 603 – Conjunto F – Avenida L2 Norte
70830-106 – Brasília (DF) – Brasil
www.febeditora.com.br
editorial@febnet.org.br
+55 61 2101 6161

Pedidos de livros à FEB
Comercial
Tel.: (61) 2101 6161 – comercial@febnet.org.br

Adquirindo esta obra, você está colaborando com as ações de assistência e promoção social da FEB e com o Movimento Espírita na divulgação do Evangelho de Jesus à luz do Espiritismo.

Dados Internacionais de Catalogação na Publicação (CIP)
(Federação Espírita Brasileira – Biblioteca de Obras Raras)

P436f Pereira, Yvonne do Amaral, 1900–1984
     A família espírita / Yvonne A. Pereira. – 1. ed. – Impressão pequenas tiragens – Brasília: FEB, 2025.

     120 p.; 23 cm – (Coleção Yvonne A. Pereira)

     ISBN 978-85-7328-811-7

     1. Evangelização Espírita infantojuvenil. 2. Espiritismo. I. Federação Espírita Brasileira. II. Título. III. Coleção.

CDD 133.9
CDU 133.7
CDE 60.01.00

Sumário

Apresentação — 9
Advertência aos pais de família — 13

1 A família Vasconcelos — 17
  1.1 Os pais — 17
  1.2 As três crianças — 17
  1.3 Carlos — 18
  1.4 Eneida — 18
  1.5 Elisinha — 20

2 Vovó e vovô — 21
  2.1 A bênção do trabalho no lar — 21
  2.2 O exemplo é lição — 22

3 O culto do Evangelho no lar — 25
  3.1 As reuniões infantis — 25
  3.2 O Mestre Jesus — 26
  3.3 Os doze apóstolos — 27
  3.4 Os evangelistas — 27
  3.5 O Novo Testamento de N. S. Jesus Cristo — 28
  3.6 Fim da reunião — 29

4 A ELEIÇÃO DE MATIAS 31
4.1 Continuação do estudo 31
4.2 O dom de curar 33
4.3 As perguntas de Carlos 34

5 DAI GRATUITAMENTE O QUE
GRATUITAMENTE RECEBESTES 37
5.1 A satisfação das crianças 37
5.2 Os dons mediúnicos dos apóstolos 38
5.3 Explicações 40

6 O BOM SAMARITANO 43
6.1 As visitas 43
6.2 A reunião dos adultos 44
6.3 A parábola do bom samaritano 45

7 FORA DA CARIDADE
NÃO HÁ SALVAÇÃO 49
7.1 Jesus disse, Mateus escreveu 49
7.2 Fim da reunião 52

8 O PRESENTE DO CÉU 53
8.1 Tio Wilton 53
8.2 Um ato de amor 54
8.3 O presente de Jesus 56
8.4 A festa da alegria 56
8.5 O vestuário 58
8.6 A escolha do nome 58

9 DEIXAI VIR A MIM
AS CRIANCINHAS 63
9.1 Os preparativos 63
9.2 Jesus e as crianças 64
9.3 Jesus é pelas crianças 65
9.4 As crianças fazem perguntas 66

10 As visitas a Luiz Adolfo   71
    10.1 Gentilezas   71
    10.2 O pensamento de Valéria   72
    10.3 A reunião   76

11 O sermão da montanha   77
    11.1 O discurso de Jesus   77
    11.2 O Pai-nosso   78
    11.3 A pergunta de Carlos   79

12 As bem-aventuranças   81
    12.1 Isabela substitui papai   81
    12.2 As bem-aventuranças   82
    12.3 O interesse de Carlos   85
    12.4 Fim da reunião   85

13 O valor da oração   89
    13.1 As crianças devem orar   89
    13.2 Jesus ensinou a orar   91
    13.3 O que devemos pedir   92
    13.4 Jesus também orava   93

14 Elisinha   95
    14.1 Uma menina espírita   95
    14.2 Mamãe assustada   96
    14.3 O testemunho de Elisinha   97
    14.4 A satisfação de papai   101

15 Conclusão   103
    15.1 As comemorações do Natal   103
    15.2 Vovô decide   104

Referências   117

Apresentação

É com júbilo e emoção que a FEB dá a público quatro livros inéditos de Yvonne A. Pereira, os quais, embora inspirados mediunicamente, foram, todavia, assinados pela grande médium por determinação de seus guias espirituais, à semelhança do que ocorreu com as obras *Devassando o invisível* e *Recordações da mediunidade*, igualmente de sua autoria, publicadas pela Federação Espírita Brasileira (FEB), respectivamente, em 1964 e 1968.

Esses manuscritos eram em número de dez, conforme registros existentes na FEB: *Contos amigos, Evangelho aos simples, A família espírita, A lei de Deus, O livro de Eneida, O livro imortal, Páginas do coração, Pontos doutrinários, As três revelações* e *A vida em família*.

A FEB os teve sob sua guarda durante algum tempo, com as respectivas cessões de direitos autorais, até que a própria médium pediu a devolução, pois a Casa de Ismael não poderia atender a seu pedido de publicação imediata.

Sobre o destino que se teria dado a esses manuscritos, após sua devolução à médium, não existia nenhum registro concreto, a não ser especulações.

Há cerca de um ano, familiares de Yvonne A. Pereira nos confiaram quatro desses manuscritos, que transferimos imediatamente à

FEB, a saber, *A família espírita, Evangelho aos simples, As três revelações* e *Contos amigos*, declarando eles também nada saberem a respeito dos seis restantes.

Sobre as obras em si, seu atualíssimo conteúdo, apesar de haverem sido escritas entre 1964 e 1971 – há mais de quarenta anos, portanto – nada diremos, preferindo respigar trechos dos textos que introduzem cada obra.

De *Advertência aos pais de família*, texto com que Bezerra de Menezes apresenta a obra *A família espírita*, colhemos:

> Pediram-me que patrocinasse uma exposição da moral evangélico-espírita para uso dos pais de família nos primeiros passos da educação religiosa e filosófica dos filhos.
> [...]
> Estas páginas, porém, foram escritas de preferência para os adultos de poucas letras doutrinárias e não propriamente para crianças, visto que para ensinar a Doutrina Espírita aos filhos é necessário que os pais possuam noções doutrinárias, um guia, um conselheiro que lhes norteie o caminho.

Em *O evangelho aos simples*, a médium insere, em suas palavras introdutórias, sob o título *Aos pais*, as seguintes instruções de Bezerra de Menezes:

> Escreveu ele, orientando-me:
> Reúne cabedais da vida real, relativos à criança, para desenvolver os temas das lições. [...] Nada inventes, nada cries de ti mesma. Será necessário que te apoies unicamente em fatos legítimos e não em ficções. Jamais apresentes à criança o ensino evangélico-espírita baseado na inverdade. Narra apenas acontecimentos comuns da vida relacionados com a própria criança. As intuições levantarão de teu âmago sob o influxo dos instrutores espirituais, facilitando-te o trabalho.

Em sua *Introdução* à obra *As três revelações,* Bezerra de Menezes sentencia:

> Erro seria supor que a infância moderna se chocaria frente à verdade espírita e à transcendência evangélica. Habituada à brutalidade dos costumes atuais, presa a uma literatura forte e destrutiva, que lhe apresenta o pior tipo da conduta humana, seria descaridoso, seria mesmo criminoso desinteresse deixá-la entregue a tal aprendizado sem o reativo da magnificência da Verdade que do Alto há jorrado para socorro dos necessitados de progresso, de paz e de luz.

E, finalmente, em *Contos amigos,* lemos no *Prefácio* ditado pelo generoso coração de Yvonne A. Pereira:

> Estas páginas, em sendo a expressão da realidade vivida no dia a dia da existência humana, são também produções da nossa faculdade mediúnica, que obteve, através de intuições, o influxo poderoso da Espiritualidade, sua orientação e direção a fim de escrevê-las. Nicolau, Paulo Aníbal, Gervásio, Raimundinho, Antenorzinho, Tharley, Maurício, Joaninha, D. Teresa, todos os figurantes aqui apresentados são individualidades que realmente existiram neste mundo e laboraram, ou ainda laboram, nos arraiais espíritas como dedicados intérpretes da orientação do Alto.

O leitor atento saberá distinguir, no conteúdo das quatro obras, a temporaneidade de ambientes, cenários, práticas, costumes, linguagens; da intemporalidade do ensino moral, todo fundamentado nos ensinos e exemplos de Jesus e explicados, em espírito e verdade, pela revelação dos Espíritos.

Que os corações de boa-vontade se abram aos jorros de luz da obra concebida no venerando coração do Espírito Bezerra de Menezes e oferecida à sociedade através das faculdades mediúnicas de sua dileta pupila, Yvonne A. Pereira!

Affonso Borges Gallego Soares
Rio de Janeiro (RJ), maio de 2013.

Advertência aos Pais de Família

> *Ó, espíritas! Compreendei o grande papel da Humanidade; compreendei que, quando produzis um corpo, a alma que nele encarna vem do espaço para progredir; inteirai-vos dos vossos deveres e ponde todo o vosso amor em aproximar de Deus essa alma; tal a missão que vos está confiada e cuja recompensa recebereis, se fielmente a cumprirdes. Os vossos cuidados e a educação que lhe dareis auxiliarão o seu aperfeiçoamento e o seu bem-estar futuro. Lembrai-vos de que a cada pai e cada mãe perguntará Deus: "Que fizestes do filho confiado à vossa guarda?"*
>
> (KARDEC, Allan. *O evangelho segundo o espiritismo.* Comunicação de Santo Agostinho. Cap. XIV, it. 9.)

Pediram-me que patrocinasse uma exposição da moral evangélico-espírita para uso dos pais de família nos primeiros passos da educação religiosa e filosófica dos filhos. Impossível seria furtar-me a esse convite tão sugestivo no momento difícil que a humanidade atravessa, quando a fé e a moral, a decência dos costumes, o cumprimento do dever e a responsabilidade de cada um se diriam em colapso, desorientando a muitos, vencendo outros tantos, desanimando ou enrijecendo o coração de quase todos para lançar o caos na sociedade humana, assinalando as últimas etapas do fim de uma civilização. Aquiesci, portanto, visto que ao servo zeloso cumpre agenciar com os talentos confiados à sua guarda, a fim de renderem o máximo, para gáudio do Senhor, que deseja ver a sua visita habilmente cultivada, oferecendo frutos excelentes de amor e justiça, para felicidade das gerações vindouras.

O lar é a grande escola da família, em cujo seio o indivíduo se habilita à realização dos próprios compromissos perante as Leis de Deus e para consigo mesmo, na caminhada para o progresso. É aí, de preferência a qualquer outra parte, que a criança — o cidadão futuro — o futuro governante, o futuro membro da sociedade — deverá educar-se, adquirindo aquela sólida formação moral religiosa que resistirá, vitoriosamente, aos embates das lutas cotidianas, das provações e dos mil complexos próprios de um planeta ainda inferior. Nem o mestre, nem o adepto de uma crença qualquer, nem o amigo, por maior que lhes seja o desejo de servir, conseguirão cultivar no coração da infância os valores da moral evangélica, se os pais, por sua vez, não edificarem no próprio lar o templo feliz do ensinamento que tenderá a florescer e frutescer para a eternidade. Daí a urgente necessidade de os pais espíritas se habilitarem para dar aos filhos pequeninos aulas de moral, aulas de Evangelho, aulas de legítimo Espiritismo, mesmo aulas de boa educação social e doméstica, pois o espírita, antes de mais nada, necessita manter a boa educação doméstica e social, sem a qual não será bom cidadão nem bom espírita. Outrossim, será necessário que, de uma vez por todas, os pais de família observem a prática do amor recíproco, que lhes fornecerá forças para realizarem a tarefa que assumiram ao se tornarem cônjuges, qual a conquista por meio da paternidade; que zelem pela harmonia e a serenidade domésticas de cada dia, jamais se permitindo displicências de quaisquer natureza, discussões, hostilidades, pois será necessário que respeitem os filhos, lembrando-se de que as suas atitudes lhes servirão de exemplos e que estes deverão ser os melhores, para que não se enfraqueça a própria autoridade e o respeito necessário do lar. Se tais atitudes não forem observadas, dificilmente poderão cumprir o próprio dever de orientadores da família, e grandes responsabilidades os esperarão na realidade do mundo espiritual.

Estas páginas, porém, foram escritas de preferência para os adultos de poucas letras doutrinárias e não propriamente para crianças, visto que para ensinar a Doutrina Espírita aos filhos é necessário que os pais possuam noções doutrinárias, um guia, um conselheiro que lhes norteie o caminho a seguir. Não obstante, será bom que a criança e o adolescente assistam às aulas educativas de moral religiosa na sua agremiação espírita. Poderão assistir a elas, e deverão mesmo fazê-lo, pois será também necessário cultivar a convivência com os futuros companheiros de ideal, ampliar e desenvolver relações fraternas e adquirir traquejo para futuros certames de cunho espírita. O que, porém, se faz necessário e indispensável, o que se torna extremamente urgente é que os pais não releguem a outrem o dever de encaminhar os filhos para Deus, dever com qual, ao reencarnarem, se comprometeram perante as Leis divinas, as leis sociais do matrimônio e as leis morais da paternidade.

A criança é grande enamorada dos próprios pais. Uma lição, uma advertência carinhosa dos pais, se prudente e habilmente aplicadas, serão facilmente assimiladas pelo filho ainda frágil e simples. Se se descurou, porém, da educação na primeira infância, a puberdade e a adolescência se tornarão fases de orientação mais difíceis. Mesmo em se tratando de criança de índole rebelde, grandes benefícios advirão se tal dever, o de educar, for fielmente observado pelos pais. Jamais estes deverão alimentar a pretensão de que seu filho seja modelo de boas qualidades, enquanto o filho do vizinho é atestado de qualidades inferiores, visto que tal ilusão entravará desastrosamente as providências educativas em favor do próprio filho.

Que os pais rejeitem, sem vacilações, as notícias mediunicamente reveladas, de que *grandes missionários* estão reencarnados como seus filhos. Semelhantes informações serão, antes, fruto de mistificações, de preferência veiculadas por obsessores e não por amigos espirituais, porquanto estes seriam prudentes em não se permitirem tais indiscrições, mais prejudiciais que úteis ao próprio futuro da criança. Entretanto, à mãe compete ainda maior dose de responsabilidade na tentativa. O fato de ser mãe não será apenas acontecimento biológico, mas posto do trabalho árduo, testemunho de paciência, digno atestado de vigilância, de coragem, de amor, concordância com a renúncia e o sacrifício. Não terá bem cumprido a própria tarefa a mulher que deixar de observar tal lema. Um grande filósofo, adepto de Espiritismo, acentuou, numa de suas obras de educação espírita, as seguintes reflexões:[1]

> [...] tal seja a mulher, tal é o filho, tal será o homem. É a mulher que, desde o berço, modela a alma das gerações. É ela que faz os heróis, os poetas, os artistas, cujos feitos e obras fulguram através dos séculos. [...] Para desempenhar, porém, tão sagrada missão educativa (na antiguidade grega), era necessária a iniciação no grande mistério da vida e do destino, o conhecimento da lei das preexistências e das reencarnações, porque só essa lei dá à vida do ser, que vai desabrochar sob a égide materna, sua significação tão bela e tão comovedora.

Patrocinando, pois, um ensaio lítero-doutrinário-evangélico para auxílio às mães e aos pais de família, durante as noites de serão no lar, onde o Evangelho do Senhor e seus benefícios ao indivíduo e à sociedade serão ministrados e examinados, eu o faço no cumprimento dos próprios deveres para com o Consolador, enviado pelo Céu à Terra como orientador da renovação moral de cada um, para efetivação dos desígnios de Deus em relação à humanidade.

Que tão belos serões renovadores do lar e dos corações obtenham êxito na boa educação da infância e dos iniciantes em geral, é o meu desejo.

ADOLFO BEZERRA DE MENEZES
Rio de Janeiro (RJ), 26 de janeiro de 1964.

---

[1] DENIS, Léon. *No invisível*. Primeira Parte, cap. VII.

1

A família Vasconcelos

1.1 Os pais

A família Vasconcelos reside no Rio de Janeiro. É uma família espírita, orientada pelos ensinamentos do Evangelho de Jesus Cristo e pelos livros de Allan Kardec. Compõe-se do casal Elizabeth e Frederico Vasconcelos e de três filhos: Carlos, de onze anos; Eneida, de nove; e Elisinha, de sete.

1.2 As três crianças

As três crianças são boas e vão sendo educadas pelos pais e avós. Aceitam os conselhos de mamãe e de papai, não fazem má-criação, não brigam umas com as outras, são estudiosas e se comportam muito bem à mesa das refeições ou em presença de visitas. E, por serem tão bem educadas, são admiradas por todos os que as conhecem.

1.3 Carlos

Carlos, o mais velho, é levado como todo menino da mesma idade. Gosta de soltar pipas na rua, de vez em quando, com os seus companheirinhos. Mas, por ser perigoso, o pai o proibiu de brincar com pipas, e Carlos obedeceu. Gosta também de jogar bola num campinho existente perto da sua casa, de jogar pião e tênis de mesa. Mamãe não aprecia muito o jogo de bola, pois entende que um bom menino não deve brincar na rua, mesmo porque, no colégio, existem pátios apropriados às brincadeiras dos alunos. Carlos frequenta tudo, inclusive a piscina, onde aprende natação, e então sua mãe acha que ele bem podia brincar só em casa. Mas seu pai, o senhor Frederico, que também já foi rapazinho e compreende o quanto um menino aprecia brincar com os companheiros num campinho onde se joga bola, costuma dizer, em particular, à dona Elizabeth:

— Ora, minha mulher, temos de permitir que o nosso filho se distraia. Ele é estudioso, dá boa conta das lições, é obediente, e por isso devemos ceder um pouquinho, permitindo-lhe algumas horas de distração, algumas vezes...

Dona Elizabeth responde:

— Está bem, você tem razão... Mas não devemos perdê-lo de vista. Vamos observar as companhias que o rodeiam, as brincadeiras que fazem. Embora isso dê trabalho, é necessário que o façamos...

1.4 Eneida

Já a menina Eneida não dá preocupação à mamãe. Não gosta de brincar na rua nem na casa dos vizinhos. Prefere os exercícios e as brincadeiras da escola, com as colegas. Passeia sempre com os pais e os avós e também com a titia Isabela, que é uma encantadora professora e muito amiga dos sobrinhos. Eneida vai à praia também, em companhia dos pais, dos avós e da tia. Visita o Jardim Botânico, o Jardim Zoológico, os museus etc., e, durante tais passeios, os pais, os avós ou a tia explicam tudo a ela, dando-lhe verdadeiras aulas educativas ilustradas.

Carlos também vai a esses passeios, e durante tais digressões ele se interessa por tudo quanto vê e examina.

Quando está em casa, depois de fazer os deveres escolares, Eneida pega o lápis e escreve, escreve, fazendo descrições dos passeios que realiza. Ela também copia trechos de bons livros. Exercício muito bom esse, pois, copiando, ela aprende muito e sempre obtém aprovação da titia Isabela, que a ajuda a se desembaraçar na escrita.

Frequentemente, Eneida diz à sua mãe:

— Mamãezinha, creio que nasci para ser escritora e escrever coisas bonitas. A senhora não imagina quantas histórias eu penso... Somente não consigo escrevê-las muito bem...

E dona Elizabeth responde:

— Pois então vá se aplicando desde já... Continue a exercitar a boa leitura e a escrita, do contrário nada, ou bem pouco, você poderá escrever na idade adulta... A literatura é como a música: se não começamos a exercitar na infância, dificilmente conseguiremos algo no futuro...

Eneida é uma menininha encantadora! Pensa nas criancinhas pobres, que muitas vezes nascem sem ter o que vestir, e por isso procura aprender a fazer sapatinhos de lã e roupinhas, a fim de presentear recém--nascidos, filhos de pais sem recursos, seguindo o exemplo da vovó, que bondosamente se dedica a esse generoso trabalho.

1.5 Elisinha

Elisinha acaba de entrar na escola. Ainda não completou os sete anos de idade, mas vai aprendendo bem. Gosta de brincar de professora e, ao regressar do colégio, leciona às bonecas e às alunas imaginárias tudo o que aprendeu durante as aulas. Possui muitos brinquedos, mas prefere seu boneco chamado *Robertinho*, sua boneca loura chamada *Soninha-Conceição* e o pequeno urso amarelo, ao qual ela deu o nome de *Janjão Peludo*. Há na casa também uma cachorrinha cor de café com leite, com o nome de *Senhorita Fifita*, um papagaio chamado *Juquinha* e um gato muito dengoso, ao qual Carlos deu o esquisito nome de *Cara-do-pai*, porque esse gato parece tanto com o gatão-pai, que mamãe resolveu amarrar uma fita vermelha no pescocinho dele para diferençá-los. Se não fosse a fita, ninguém saberia qual dos dois seria o da Elisinha, quando eles vão para cima do telhado tomar sol.

A família Vasconcelos vive feliz e alegre. É uma família espírita. Há muita paz naquela casa. Ninguém discute, ninguém se aborrece. Todos são educados, pacientes, compreensivos e bem assistidos pelos seus Guias espirituais. Amam o Evangelho de Jesus Cristo e se esforçam por praticar-lhe os ensinamentos. São também estudiosos, respeitam Deus e o próximo e praticam os conselhos dos Espíritos orientadores. Esse é o segredo da paz do seu lar.

À noite, mamãe ora a Deus assim:

— Meu Deus! Protegei os meus filhos, para que eles sejam sempre bons! Inspirai-me a educá-los para o bem!

* * *

Bem-aventurados os limpos de coração, porque verão a Deus. (Mateus, 5:8.)

2

Vovó e vovô

2.1 A bênção do trabalho no lar

Dona Júlia é a vovó, e o vovô é o doutor Arnaldo.

Eles são os pais do senhor Frederico, que é professor, mas residem em outra casa. Vovô é médico. Além do consultório da cidade, ele mantém dois ambulatórios para socorrer os doentes pobres, um em cada extremo da cidade.

Dona Júlia é professora aposentada. Ela alfabetiza crianças pobres sem nada cobrar pelo que faz. Ela também ensina, às meninas, costura, bordado, tricô, flores artificiais e até um pouco de pintura às mais aplicadas. Esse aprendizado é feito numa espécie de escola profissional, como tantas outras, que muitas pessoas espíritas costumam fundar com objetivos semelhantes.

Aos meninos e rapazinhos dona Júlia ensina a pintar vasos para plantas, jarras, quadrinhos; exercita-os na fabricação dos próprios quadros e até na encadernação de livros. Fazendo isso, ela os ajuda a amar o trabalho e os retira da ociosidade da rua, para que eles não se tornem vadios.[2]

Vovó ministra também aulas de moral cristã aos seus alunos, de forma que estes não só aprendam a ler, escrever e contar, como também passem a amar o trabalho, a respeitar Deus e a família. Eles são, portanto, bons meninos. Quando crescerem, serão homens de bem, bons chefes de família e bons crentes em Deus.

Dona Elizabeth, mãe de Eneida, de Carlos e Elisinha, e a senhorita Isabela, que é a tia, auxiliam dona Júlia nessa bonita obra de fraternidade, em que também colaboram, com muita alegria, ao lado da vovó, os dois netos.

Eneida tece os sapatinhos de lã para as criancinhas protegidas pela vovó, e Carlos, que já está ficando mocinho, ensina matemática no quadro-negro aos meninos.

Tudo isso é também serviço da caridade, obra abençoada por Jesus. No Evangelho, Jesus diz que *quando ajudamos os pobres e os sofredores é o mesmo que estarmos ajudando a Ele próprio.*

2.2 O EXEMPLO É LIÇÃO

Que beleza é a vida na casa dos avós!

Como os netinhos gostam de passar dias em sua companhia! Ir à casa deles, ajudá-los nos serviços de beneficência; passear com eles é prêmio que mamãe e papai concedem aos três filhinhos pelo comportamento de sempre e pelas boas notas obtidas na escola.

---

[2] N.E.: Palavra empregada no sentido de desocupação, má utilização do tempo. Termo comum à época em que o livro foi escrito.

Eneida diz muitas vezes, durante as refeições:

— Quando eu crescer, quero ser distinta e bondosa como a minha mãe, a minha avó e a minha tia...

Carlos pensa, cheio de projetos para o futuro:

— Meu avô e meu pai são homens de quem eu gosto muito. Quando eu crescer, quero ser como eles...

Elisinha, por sua vez, fala em segredo à vovó, quando vai adormecendo no seu colo:

— Eu também sou professora, estou ensinando minhas bonecas a ler.

Que beleza é a vida na casa de vovó e vovô!

Quanta harmonia e quanta paz ali se desfrutam!

Sim! O exemplo é a maior lição!

* * *

Amados irmãos, aproveitai dessas lições; é difícil o praticá-las, porém, a alma colhe delas imenso bem. Crede-me, fazei o sublime esforço que vos peço: 'Amai-vos' e vereis a Terra em breve transformada num Paraíso onde as almas dos justos virão repousar. – Fénelon. (KARDEC, Allan. *O evangelho segundo o espiritismo.* Cap. XI, it. 9.)

3

O culto do Evangelho no lar

3.1 As reuniões infantis

A família Vasconcelos realiza o culto do Evangelho no lar uma vez por semana, às sextas-feiras. Vovó, vovô e tia Isabela participam dele também.

As crianças também o frequentam e aprendem coisas muito boas e bonitas com o Evangelho. Mas, às terças-feiras, há culto só para elas. É como se fosse uma aula. Algumas crianças da vizinhança costumam ir a essas reuniões e aprendem as mesmas coisas.

Quem preside ao culto e ensina às crianças é o pai, Frederico, mas a mãe, Elizabeth, os avós Júlia e Arnaldo, tia Isabela também participam, contando histórias muito bonitas.

Os cristãos dos primeiros tempos faziam esse culto. Foram eles que criaram essas reuniões. No primeiro dia de aula o senhor Frederico disse às crianças:

— Meus filhos, todas as pessoas, neste mundo, precisam conhecer a Doutrina Cristã a fim de poder compreendê-la e praticá-la. Jesus Cristo foi o Enviado de Deus, para orientar a humanidade no caminho do bem e do amor. Ele nos ensinou a dirigir honestamente a nossa vida, a amar o nosso próximo, a nós mesmos e a Deus. Nas reuniões que hoje inauguramos, aprenderemos a cultuar a memória do Mestre e Senhor, bem como a cultivar sua Doutrina. Portanto, prestem atenção às lições que havemos de estudar durante o nosso culto.

3.2 O Mestre Jesus

Segundo a narrativa do Evangelho, Jesus Cristo veio ao mundo na cidade de Belém, província da Judeia, num país da Ásia Menor, ou Oriente Médio, cujo nome era Palestina. Hoje, este país, com outras dimensões territoriais, chama-se Israel.

Belém é também chamada *cidade de Davi*, porque um dos mais antigos reis de Israel, com este nome, nasceu ali, onde viveu durante muitos anos, conforme diz a história.

O dia e o mês do nascimento de Jesus não estão bem determinados pelos historiadores. Mas podemos compreender a época em que esse fato ocorreu pelo que o próprio Evangelho, livro de fundo histórico, relata sobre o assunto, segundo o qual o Mestre nasceu durante o governo do Imperador Augusto, de Roma.

Posteriormente, isto é, muito mais tarde, os cristãos estabeleceram o dia 25 de dezembro para comemorar a data do seu nascimento, que tomou o significativo nome de Natal, mundialmente popularizado. Quando vocês se adiantarem no estudo do Evangelho, ou seja, do Cristianismo histórico, conhecerão melhor essa particularidade.

A Doutrina ensinada por Jesus foi denominada *Cristianismo* pelos seus primeiros seguidores e assim é conhecida até hoje. Ela se resume em *amar a Deus sobre todas as coisas e o próximo como a nós mesmos.*

Antes de começar os trabalhos que realizou neste mundo, Jesus escolheu doze homens para ajudá-lo na propaganda da Doutrina que ia ensinar. A esses doze fez seus discípulos e deu-lhes poder para curar doentes, como Ele próprio o fazia, e recomendou-lhes que nada cobrassem pelas curas que fizessem. Só mais tarde, depois da morte do Mestre, foi que esses discípulos, ou apóstolos, e outros mais auxiliares de Jesus receberam o dom da oratória a fim de também ensinarem a Doutrina que haviam aprendido com o Mestre. (MATEUS, 10:1 a 15.)

3.3 OS DOZE APÓSTOLOS

Aos doze homens escolhidos por Jesus para seus auxiliares dá-se o nome de apóstolos. Seus nomes, que a história do Cristianismo recorda com respeito e veneração, são os seguintes:

Simão, também chamado Pedro, e André, seu irmão; Tiago, chamado o *Maior*, e seu irmão João, filhos de um pescador cujo nome era Zebedeu; Felipe e Bartolomeu, o último também chamado Natanael; Tomé, também chamado Dídimo, e Mateus, o publicano, que era Levi, o cobrador de impostos; Tiago, chamado o *Menor*, filho de Alfeu, e Tadeu, seu irmão. Simão, o Zelote; e Judas Iscariotes. Esses doze são chamados *apóstolos diretos*, porque conviveram pessoalmente com Jesus e o seguiram por toda parte.

3.4 OS EVANGELISTAS

Entre os doze apóstolos, apenas dois escreveram evangelhos: Mateus, o publicano, e João, filho de Zebedeu. Mais tarde os cristãos apelidaram o último de João, o evangelista, o qual foi ainda cognominado de *o discípulo amado*.

Os outros dois que escreveram evangelhos foram Marcos e Lucas, mas esses não foram apóstolos diretos, porque não conviveram pessoalmente com Jesus. Só depois do desaparecimento do Senhor foi que eles se dedicaram à sua Doutrina e então escreveram os evangelhos que trazem os seus nomes.

Marcos conheceu Jesus, mas era menino ao tempo dele.

Lucas nem mesmo chegou a conhecê-lo e não vivia em Jerusalém ao tempo de nosso Mestre. Mas, tais como os outros doze, Marcos e Lucas foram fiéis defensores da Doutrina de Jesus, merecendo, portanto, o título de apóstolos.

Os quatro evangelistas são, portanto: Mateus, Marcos, Lucas e João.

3.5 O Novo Testamento de N. S. Jesus Cristo

Além dos evangelhos, os apóstolos escreveram outros livros.

Por exemplo:

Lucas escreveu também o livro chamado *Atos dos Apóstolos*.

João Evangelista escreveu três epístolas universais e o livro profético chamado *Apocalipse*.

Simão Pedro foi autor de duas epístolas universais.

Tiago, filho de Alfeu (irmão de *Judas Tadeu*), escreveu uma epístola.

Paulo de Tarso, que se incluiu mais tarde entre os apóstolos e que não conheceu Jesus pessoalmente, escreveu quatorze epístolas.

Assim sendo, o Novo Testamento de N. S. Jesus Cristo está composto da seguinte forma:

a) Os *quatro evangelhos*, escritos depois da morte do Senhor Jesus, pelos evangelistas Mateus, Marcos, Lucas e João.

b) *Atos dos apóstolos*, escritos por Lucas, que trata dos serviços dos apóstolos depois da morte do Mestre.

c) *As epístolas de Paulo de Tarso*, que são cartas, ou mensagens, com ensinamentos para os cristãos de diversos países.

d) As *epístolas* de *Simão Pedro*, de *João*, de *Tiago* e de *Tadeu*, as quais contêm também ensinamentos para os cristãos de diversos lugares.

e) O *Apocalipse*, também escrito por João, o Evangelista. Este livro profético é considerado pelos espíritas como *livro mediúnico*. O Novo Testamento, portanto, contém 27 livros, ou 27 peças.

3.6 Fim da reunião

Uma hora de reunião era bastante. Carlos e Eneida gostaram muito da primeira lição.

Aquilo tudo era novidade interessante para eles, como para os outros que ali se encontravam.

Eles quiseram ver o volume do Novo Testamento, para terem ideia das disposições do livro. Papai, cheio de paciência, mostrou-lhes o volume, enquanto dizia:

— É cedo ainda para vocês estudarem este livro. Por enquanto, limitaremos o estudo às aulas que eu possa dar a vocês. Mais tarde, conhecê-lo-ão todo, quando forem adultos.

A pedido de papai, Carlos fez uma prece e a reunião foi encerrada.

* * *

Se me amais, guardareis os meus mandamentos. (João, 14:15.)

4

A ELEIÇÃO DE MATIAS

4.1 Continuação do estudo

A reunião, porém, continuou na semana seguinte.

Papai tinha presidido a primeira parte, mas ainda faltava meia hora para o encerramento dos trabalhos.

Os assistentes estavam à espera de mais explicações.

Como o senhor Frederico presidira a primeira parte, dona Elizabeth ia presidir a segunda. Ela então falou:

— Jesus é o nosso Mestre, portanto, vamos tratá-lo assim, como o faziam os seus apóstolos e os demais discípulos, aqueles que o conheceram pessoalmente. Depois da morte do Mestre, o apóstolo Judas Iscariotes também morreu...

Carlos cortou a palavra da mamãe e perguntou, meio nervoso:

— Depois da reunião, posso fazer perguntas, mamãe?

— Fique quieto, Carlos. Mamãe está falando... — disse Eneida, baixinho.

Mas, mamãe respondeu de bom humor:

— Sim, meu filho, depois das explicações que eu der, vocês todos poderão fazer perguntas, e eu terei prazer em esclarecer o que for necessário. — e continuou a falar:

— Com a morte do apóstolo Judas Iscariotes, ficaram só onze apóstolos. Era preciso arranjar outro para substituí-lo.

Existiam dois candidatos para ocupar-lhe o lugar. Ambos, antigos discípulos de Jesus, faziam parte do grupo chamado "dos setenta", isto é, dos mais dedicados seguidores do Senhor. Ambos eram virtuosos e dignos de serem apóstolos da Doutrina do Mestre. Um chamava-se *José Barsabás*, e tinha por apelido *o Justo*, tão bom ele era; e o outro, igualmente bom, chamava-se *Matias*.

José Barsabás e Matias eram tão dignos e bons que os onze apóstolos não sabiam qual dos dois haviam de escolher.

Então, certo dia, houve uma reunião "de umas cento e vinte pessoas", presidida pelo apóstolo Pedro, a fim de deliberarem sobre a escolha do substituto de Judas no ministério cristão. Pedro fez um pequeno discurso, explicando as razões da reunião, e depois orou da seguinte forma, acompanhado pelos demais irmãos presentes: "Tu, Senhor, que conheces o coração de todos, revela-nos qual destes dois tens escolhido para preencher a vaga neste ministério e apostolado, do qual Judas se transviou, indo para o seu próprio lugar."

Fizeram então um sorteio, e a sorte recaiu em Matias. Este, portanto, passou a ser um dos *doze,* substituindo Judas Iscariotes.

— Em que parte do Novo Testamento está essa notícia, dona Elizabeth? — perguntou Adelina, cozinheira da casa, que também gostava de assistir às reuniões das crianças e dos adultos.

Dona Elizabeth respondeu:

— Essa notícia está no livro chamado *Atos dos apóstolo*s, escrito pelo evangelista Lucas, que faz parte do Novo Testamento de Nosso Senhor Jesus Cristo, conforme já sabemos. Ela se encontra no capítulo I daquele livro, versículos 15 a 26.

4.2 O DOM DE CURAR

Dona Elizabeth continuou:

— Meus queridos filhos — disse ela —, estamos findando a lição de hoje. Antes de encerrarmos nossa reunião, será preciso que vocês saibam que os doze apóstolos de Jesus curaram toda espécie de doentes: leprosos, paralíticos, loucos, cegos, surdos-mudos, etc. Todas as curas que Jesus fez eles fizeram também. Viajaram muito, ensinaram a Doutrina de Jesus por toda parte, cumpriram fielmente o dever de colaboradores de Jesus, com o sacrifício até da própria vida pela Doutrina que amavam. Mas, nunca receberam pagamentos ou presentes pelo bem que faziam ao próximo. Faziam tudo de graça! Eles são exemplos para nós e devemos imitá-los. Devemos ser dedicados e fiéis ao Evangelho e à nossa Doutrina Espírita, como eles o foram a Jesus. Isso é uma honra para nós, perante nosso Mestre Jesus Cristo. E se procedermos bem, conforme eles procederam, poderemos também obter o dom de curar enfermos. Muitos médiuns espíritas têm feito curas importantes.

Dona Elizabeth fechou o livro. As pessoas presentes compreenderam que a lição terminara. Então ela voltou a falar:

— Agora pode fazer as perguntas, Carlos.

4.3 As perguntas de Carlos

— Mamãe, nesta reunião a senhora fez referências ao apóstolo Judas Iscariotes. Quer esclarecer o que realmente aconteceu com ele? Por que razão, no Sábado de Aleluia, os meninos fazem um boneco de pano, dão pauladas nele e o queimam depois, dizendo que o boneco é Judas Iscariotes? Eu acho tal coisa uma ofensa à lembrança de uma pessoa que já morreu, não é mesmo?

— Sim, meu filho, você tem razão. Os meninos bem-educados não devem fazer isso, porque é falta de respeito e de caridade para com um irmão nosso, que foi apóstolo de Jesus e por isso merece a nossa consideração. O que aconteceu com Judas Iscariotes foi um fato bem triste. Ele foi vítima de uma fraqueza muito humana e não cumpriu a contento o compromisso assumido com o Mestre Jesus. Mas, reabilitou-se depois, através das reencarnações, em testemunhos de trabalho, amor e sacrifício pela Doutrina do nosso Mestre, e hoje é um Espírito feliz e redimido, credor de todo o nosso respeito, de nossa confiança e de todo reconhecimento.

Por enquanto vocês não devem conhecer as minúcias desses acontecimentos. Mais tarde, quando estiverem mais adiantados nos estudos evangélicos, então conhecerão tudo. Por enquanto, basta saberem que devemos respeitar a memória de Judas Iscariotes e jamais queimar bonecos no Sábado de Aleluia, dizendo que o representam. Esse ato é uma ignorância que revela a educação defeituosa de quem o pratica. Mesmo porque Jesus ressuscitou num domingo e não num sábado. Vocês, portanto, não podem seguir semelhante exemplo. Os meninos espíritas devem ser bem educados, a fim de darem bom testemunho dos ensinos que recebem.

— Está bem, mamãe, compreendo... Agora, outra pergunta...

— Sim, meu filho, diga.

— Muitas pessoas falam em demônios. Então existem demônios?

Ouvindo a pergunta, Eneida arregalou os olhos e aparteou, explicando ao irmão:

— Eu já sei essa história de demônios, eu já sei! Tia Isabela ensinou que não há demônios, nem satanazes, nem diabos. O que há são Espíritos desencarnados atrasados, maus, rebeldes, a que nós, espíritas, chamamos obsessores. Mas eles podem regenerar-se e tornar-se bons. Eu não acredito em demônios.

— Bem... — voltou a dizer Carlos — Eu também não acredito... Nenhum menino do meu curso de admissão acredita em demônios. Mas é que eu quero uma explicação para tudo isso. Quero saber direito!

— Muito bem, Carlos! Vejo que você está interessado no assunto. Sua irmã disse bem: não há demônios! Apenas há Espíritos atrasados, endurecidos no mal, descrentes em Deus, sem nenhum amor ao próximo e sem as luzes do conhecimento das Leis divinas. Muitos homens também são assim e nem por isso são considerados demônios. Esses Espíritos atrasados já foram também homens como nós e depois morreram, isto é, desencarnaram. Mas com o tempo e com a caridade dos bons Espíritos e as nossas preces em favor deles, se converterão ao bem, progredirão e mais tarde serão bons. São também filhos de Deus e devemos ajudá-los com a prece do nosso amor.

Dessa vez tocou a Eneida fazer a prece de encerramento. Ela recitou o *Pai-nosso* vagarosamente, com muito respeito e sentimento, pois ainda não sabia fazer a prece espontânea.

Satisfeita com a boa vontade das crianças, que pareciam querer adaptar-se à Doutrina que ela expunha, mamãe encerrou a reunião daquela noite.

* * *

Eu sou o bom pastor; conheço as minhas ovelhas, e elas me conhecem a mim. (João, 10:14.)

5

Dai gratuitamente o que gratuitamente recebestes

5.1 A satisfação das crianças

Durante a semana, Carlos e Eneida conversaram muito com os pais sobre as duas primeiras lições recebidas. Eles retiveram na lembrança, com facilidade, os nomes dos doze apóstolos de Jesus, pois são atenciosos e dedicados a qualquer estudo que fazem.

No sábado, foram jantar com os avós, que os ouviram sobre o que haviam aprendido, experimentando com isso grande contentamento. Elisinha nada dizia, mas prestava muita atenção à conversa. Todos pensavam que ela não entendia do assunto, mas em verdade compreendia tudo.

Quando chegou a terça-feira seguinte, papai e mamãe reuniram-se com os filhos, algumas outras pessoas da vizinhança que estavam presentes e fizeram a terceira reunião. Papai fez a prece de abertura, pedindo as bênçãos do Alto para o culto da noite, e as explicações foram continuadas no ponto em que haviam parado uma semana antes.

5.2 Os dons mediúnicos dos apóstolos

O senhor Frederico perguntou:

— Vocês sabem o que é um médium?

— Eu sei! — disse Carlos.

— Eu também sei! — disse Eneida — O senhor Jarbas, a dona Rosinha e tia Isabela são médiuns. Eles pedem receitas aos bons Espíritos, para curar os doentes, e os bons Espíritos vêm e escrevem as receitas pelas mãos deles; dão passes, vão à sessão e recebem os Espíritos para praticarem o bem. Ouvi vovô dizer à dona Tereza que tia Isabela é médium escrevente e recebe mensagens muito boas, de Espíritos adiantados, para consolar e orientar os que sofrem...

— Ora, eu também sei disso! — tornou a dizer Carlos, para não passar por tolo diante da irmã.

— Muito bem! — falou o pai. Ser médium é possuir o dom espiritual de interpretar o pensamento e a ação dos Espíritos desencarnados e transmiti-los aos homens, que são Espíritos encarnados. Portanto, *médium* quer dizer *meio de transmissão* ou *intermediário*.

— Compreendo, papai! — disseram as duas crianças. Mas o bom pai continuou:

— Pois bem! Os doze apóstolos, a quem nos referimos na reunião passada, eram médiuns, possuíam dons mediúnicos... Os dons mediúnicos, portanto, são as variadas possibilidades transmissoras de forças espirituais que uma pessoa pode possuir: dons de curar enfermos, de afastar os Espíritos obsessores, de psicografia, de efeitos físicos, de clarividência, de clariaudiência, de oratória, de psicofonia, de incorporação, de psicometria, de inspiração, de premonição, etc.

— É verdade que todas as pessoas possuem mediunidade, papai? — perguntou Carlos, que era curioso e gostava de saber essas coisas.

— Sim, todos nós possuímos mediunidade. Mas em algumas pessoas os dons mediúnicos são mais completos, isto é, possuem vários tipos de mediunidade; em outras, porém, os dons são menos completos, e a pessoa então possui menos tipos de mediunidade.

Lemos em *O livro dos médiuns* – 2ª parte – cap. XIV – *Dos médiuns* – it. 159: "Pode, pois, dizer-se que todos são, mais ou menos médiuns. Todavia, usualmente, assim só se qualificam aqueles em quem a faculdade mediúnica se mostra bem caracterizada e se traduz por efeitos patentes, de certa intensidade, o que então depende de uma organização mais ou menos sensitiva".

— Por quê? — perguntaram todas as crianças.

— Porque a mediunidade é um dom da natureza de cada um de nós, como é a vista, a palavra, etc. Não depende da nossa vontade possuí-lo ou deixar de possuí-lo. Pode-se mesmo dizer que a mediunidade é o sexto sentido que Deus nos concedeu como auxílio ao nosso desenvolvimento moral-espiritual. Além disso, esse dom tem que ser muito bem cultivado para poder progredir e atingir a sua finalidade superior, isto é, transmitir as ideias dos Espíritos protetores em benefício das criaturas, e nem todas as pessoas sabem disso ou conseguem esse triunfo.

A mediunidade é como a semente de uma planta. Quanto maior cuidado tivermos com a planta, mais ela crescerá, até se tornar árvore frondosa. Da mesma forma, se amarmos e respeitarmos a nossa mediunidade, se a cultivarmos com a prática do bem e da caridade para com o nosso próximo, tanto mais ela progredirá, permitindo-nos obter coisas importantes do mundo espiritual. Mas o certo é que todas as pessoas possuem a semente, ou o germe da mediunidade.

— Ah, bem!...Quer dizer que o germe existe, mas nem sempre é bem desenvolvido, nem sempre é igual em um e em outro médium... — disse Carlos, compreendendo muito bem o ensino.

— Justamente, é isso mesmo! — voltou a dizer o pai, e continuou:

— Tendo reunido os doze apóstolos, Jesus teve uma conversa particular com eles e deu-lhes instruções sobre os serviços que deviam realizar a fim de ajudá-lo. O capítulo X do evangelho segundo Mateus, versículos 7 a 11, relata essa passagem do Mestre com os apóstolos, quando lhes disse: "À medida que seguirdes, pregai que está próximo o reino dos céus. Curai enfermos, ressuscitai mortos, purificai leprosos, expeli demônios (Espíritos obsessores), de graça recebestes, de graça dai."

5.3 Explicações

— Que quer dizer "de graça recebestes, de graça dai"? — perguntaram os dois irmãos, Carlos e Eneida, ao mesmo tempo.

O senhor Frederico respondeu:

— Quer dizer que os apóstolos não deviam receber pagamento pelas curas que fizessem com o exercício da mediunidade, porque eles não eram médicos. Apenas possuíam o dom espiritual de curar enfermos. Jesus foi quem desenvolveu neles esse dom e não cobrou nada por isso; deu-o de graça.

Tanto as crianças como os adultos prestavam bastante atenção, pois o ponto era muito importante.

— Assim como os apóstolos, que eram médiuns, os demais médiuns também não devem cobrar coisa alguma pelos benefícios prestados ao próximo, tais como receitas, curas, passes, sessões de desobsessão, palestras de conforto e esclarecimento, livros recebidos através da mediunidade. Se cobrarem, estarão desobedecendo aos conselhos de Jesus e poderão perder os dons mediúnicos que possuem. Não podemos fazer comércio com as coisas de Deus, e a mediunidade é um dom que o Criador concedeu às criaturas para ajudar o progresso espiritual delas mesmas e também do seu semelhante. Os médicos, os farmacêuticos e os escritores podem cobrar os serviços que prestam com a sua profissão, mas os médiuns, não! A mediunidade é um dom de Deus e não uma profissão.

— E os apóstolos obedeceram? Curaram todos os doentes? — perguntou, ainda, Carlos.

— Obedeceram, sim, e fizeram importantes curas, pelas quais nada cobravam. Eles também recomendavam aos outros cristãos que nada cobrassem pelas curas e pelos benefícios que fizessem ao próximo. Os médiuns da atualidade devem fazer o mesmo, isto é, jamais cobrar qualquer serviço que prestem com a sua faculdade mediúnica.

— Mas... papai — insistiu Carlos —, o senhor disse que Jesus autorizou seus apóstolos a *ressuscitarem* os mortos. Então os mortos ressuscitam?

Frederico sorriu e respondeu, admirando a raciocínio do menino:

— Meu filho, a pessoa cujo corpo está morto e se tornou cadáver não ressuscita, pois aquele corpo não está mais em condições de manter uma alma para continuar vivendo a vida orgânica. Jesus, ao mandar seus apóstolos ressuscitarem os mortos, quis dizer, provavelmente, que eles doutrinassem os corações endurecidos no mal, que viviam como que mortos para as coisas de Deus, isto é, para o amor, para a fé e o bem, para a prática das virtudes, enfim. Doutrinar essas pessoas, encaminhá-las ao cumprimento do dever, moralizá-las, despertar seus corações para Deus, era o mesmo que ressuscitá-las, pois, com efeito, uma pessoa que só pratica o mal está como que morta, não despertou ainda para a vida verdadeira. Neste mundo há muitas pessoas mortas nessas mesmas condições. Observe e você compreenderá o que o Senhor, nosso Mestre, quis dizer quando mandou os seus apóstolos ressuscitarem mortos...

Frederico fez uma pausa e concluiu:

— Por hoje, basta. Na próxima reunião dos adultos daremos outras explicações.

* * *

Os médiuns atuais – pois que também os apóstolos tinham mediunidade – igualmente receberam de Deus um dom gratuito: o de serem intérpretes dos Espíritos, para instrução dos homens, para lhes mostrar o caminho do bem e conduzi-los à fé, não para lhes vender palavras que não lhes pertencem, a eles, médiuns, visto que não são fruto de suas concepções, nem de suas pesquisas, nem de seus trabalhos pessoais. (KARDEC, Allan. *O evangelho segundo o espiritismo*. Cap. XXVI, it. 7.)

6

O BOM SAMARITANO

6.1 As visitas

Dona Rosinha é a esposa do capitão Luís Gonzaga. Ambos são amigos de dona Elizabeth e do senhor Frederico, e gostam muito de crianças.

Eles não têm filhos, mas adotaram e criaram cinco crianças: três meninas e dois meninos. As duas meninas, mais velhas, chamam-se Valéria e Lívia, nomes retirados dos romances espíritas: *A vingança do Judeu* e *Há dois mil anos*, respectivamente.

Era dia da reunião do culto do Evangelho no lar, para os adultos, na residência do senhor Frederico. Dona Rosinha, o capitão Luís Gonzaga, as meninas Valéria e Lívia foram assistir à reunião.

Frederico e Elizabeth gostam de que seus filhos também assistam ao culto do Evangelho dos adultos, a fim de que aprendam mais coisas sobre a Doutrina, de maneira suave.

6.2 A REUNIÃO DOS ADULTOS

Por gentileza, o senhor Frederico ofereceu à dona Rosinha o livro usado no culto, para que fosse escolhido o ponto de estudo.

Dona Rosinha abriu o livro. Era *O evangelho segundo o espiritismo*, de Allan Kardec, e foi aberto no capítulo XV – *Fora da caridade não há salvação*.

As pessoas presentes estavam silenciosas e atentas.

As crianças prestavam atenção e Eneida pensava: — Acho tudo isso uma beleza! Vovô conta que os primeiros cristãos faziam esse culto em casa relembrando os ensinos deixados por Jesus Cristo. Foram eles os fundadores do culto do Evangelho no lar.

Carlos, igualmente atento, meditava: — Quando eu crescer e for pai de família, hei de fazer isso para ensinar a Doutrina de Jesus ao meus filhos também, como meu pai está fazendo conosco.

As crianças se comportavam muito bem. Elas sabiam que uma reunião espírita é um ato sagrado, porque é realizada em nome de Deus. Por isso, todos, inclusive as crianças, deverão assisti-la com respeito, o coração sincero e cheio de amor.

O senhor Frederico abrira a reunião *em nome de Deus Todo-Poderoso e de Jesus Cristo*. Além disso, citara os versículos 19 e 20 do capítulo XVIII do evangelista Mateus, que diz assim:

> Em verdade também vos digo que, se dois dentre vós, sobre a Terra, concordarem a respeito de qualquer coisa que porventura pedirem, ser-lhes-á concedida por meu Pai que está nos céus. Porque onde estiverem dois ou três reunidos em meu nome, ali estou no meio deles.

Quem pronunciou essas palavras, prometendo estar presente, foi Jesus, nosso Mestre, quando estimulava os seus apóstolos a se reunirem.

Carlos, Eneida e sua amiguinhas, Valéria e Lívia, também sabiam disso. Por essa razão, respeitavam a reunião, pois compreendiam que, aberta em nome de Jesus, atraía a sua presença espiritual, pelo pensamento. Portanto seria um desrespeito alguém se comportar mal ali.

Elisinha estava muito séria, parecia uma mãezinha de família, com a boneca Soninha-Conceição ao colo.

6.3 A PARÁBOLA DO BOM SAMARITANO

Papai leu a lição do dia, que era a Parábola do Bom Samaritano. Essa parábola contém uma grande lição sobre a caridade, lição ensinada pelo próprio Jesus quando viveu neste mundo.

É encontrada no capítulo X, do evangelho de Lucas, versículos 25 a 37, do Novo Testamento de N. S. Jesus Cristo, e no capítulo XV, it. 2, de *O evangelho segundo o espiritismo*, de Allan Kardec.

Concedida a palavra, dona Rosinha começou a explanação:

— Eis o resumo da passagem evangélica: Um doutor que vivia em Israel, no tempo de Jesus, um dia perguntou-lhe o que devia fazer para ganhar a *vida eterna*. (Ganhar a *vida eterna* quer dizer a pessoa viver obedecendo às Leis de Deus, e gozar a felicidade em qualquer lugar onde esteja, quer como encarnado, na Terra, ou desencarnado, desfrutando as alegrias da vida espiritual.) A boa senhora continuou:

"— Qual é a Lei de Deus, você sabe?" — perguntou-lhe em resposta Jesus.

O doutor então voltou a falar:

"— Sei, sim, Mestre! A Lei de Deus manda amar o Senhor Deus de todo o nosso coração, de toda a nossa alma, com todas as nossas forças, com toda a nossa inteligência e o nosso raciocínio, e o nosso próximo como a nós mesmos."

Então, Jesus tornou a dizer:

"— Disse muito bem; faça isso e viverá a vida eterna."

"— Mas quem é o meu próximo?" — insistiu o doutor em perguntar.

E Jesus, tomando novamente a palavra, explicou, contando esta história, ou parábola. Mas, para que as crianças também pudessem compreender, dona Rosinha contou a história com muita simplicidade, assim:

Um homem que descia de Jerusalém para Jericó foi assaltado, no caminho, pelos ladrões. Os assaltantes o despojaram de quanto ele trazia, espancaram-no muito, fizeram-lhe muitas feridas e depois foram embora, deixando-o semimorto na estrada.

Passavam depois, por aquele local, dois homens muito importantes e muito instruídos, mas muito indiferentes o sofrimento alheio. Eles viram o ferido caído no chão, gemendo muito, tiveram pena dele, mas não o socorreram. Mas depois passou um samaritano, que viajava montado num burrinho.

O samaritano era pessoa muito humilde, não possuía a instrução dos outros dois homens que passaram primeiro. Além disso, os samaritanos eram até malvistos pelos habitantes de Jerusalém, porque a religião deles não era bem igual à dos habitantes dessa cidade.

Os samaritanos eram nascidos na antiga província da Samaria, por isso eram chamados assim.

Vendo o ferido estirado no chão, como morto, o samaritano compadeceu-se. Desceu do burrinho, para socorrê-lo, pôs remédio nos ferimentos, levou-o para uma hospedaria, tratou dele muito bem, pagou as despesas e o homem sarou.

Depois de contar a história, Jesus perguntou ao doutor:

"— Qual desses três homens te parece o próximo daquele que caíra em poder dos ladrões?"

O doutor então respondeu:

"— Aquele que usou de misericórdia para com ele."

"— Então vai e faze o mesmo" — disse Jesus.

Dona Rosinha continuou a explicar a lição baseada na Parábola do Bom Samaritano e disse ainda muitas coisas lindas sobre o assunto, fazendo uma bela preleção naquela noite, e, para encerrar, falou o seguinte:

— Ao terminar a conversa que teve com o doutor, Jesus mandou que ele fizesse o mesmo, conforme vimos, isto é, que também socorresse o próximo quando o visse sofrer.

A lição de Jesus serve para todos nós, pois Ele é o Mestre da humanidade. O bom samaritano, portanto, é o símbolo do homem que sabe amar o seu próximo, daquele que possui sentimentos de caridade e fraternidade para com as criaturas que sofrem.

A Lei de Deus se resume em *amar a Deus sobre todas as coisas e o próximo como a si mesmo.*

Todas as pessoas, portanto, que socorrerem os sofredores, imitando o bom samaritano, estarão amando o próximo, cumprindo a Lei de Deus e possuirão a *vida eterna*, isto é, serão felizes, quer vivam na Terra, quer habitem o mundo espiritual.

* * *

Bem-aventurados os misericordiosos, porque alcançarão misericórdia. (MATEUS, 5: 7.)

7

FORA DA CARIDADE NÃO HÁ SALVAÇÃO

7.1 Jesus disse, Mateus escreveu

Terminada a reunião, os mais velhos se puseram a conversar sobre os fatos espíritas, enquanto as crianças tomavam chá em sala à parte. Os espíritas, de um modo geral, preferem conversar sobre sua amada Doutrina, pois entendem que essa troca de ideias sobre o Evangelho e o Espiritismo é muito útil e consoladora para os seus corações ansiosos pelo conhecimento da verdade. Notando que seus pais e os visitantes continuavam a tratar do assunto estudado durante a reunião, Carlos achegou-se ao grupo por eles formado e ouviu o seguinte:

— Na verdade, dona Rosinha, todos nós necessitamos muito de esclarecimentos sobre o amor ao próximo e a caridade. Nós ainda nos encontramos longe de saber amar e praticar os benefícios aconselhados e exemplificados por Jesus... — era dona Elizabeth que falava, provocando a continuação da conversa. — Diga, portanto, mais alguma coisa a respeito do belo tema: o amor ao próximo.

Dona Rosinha, então, como que prosseguindo o ensinamento estudado antes, na reunião, disse:

— Sim, a senhora tem razão... Eu devia ter completado o nosso estudo de hoje examinando mais um importante aspecto da Doutrina do amado Mestre sobre o amor ao próximo, mas a hora estava esgotada e tive receio de cansar a paciência dos assistentes...

Carlos não se conteve e exclamou, pedindo licença para participar da conversa dos mais velhos:

— Diga, diga, dona Rosinha, o que a senhora não teve tempo para dizer durante a reunião! Eu gosto imensamente de saber o que o Senhor Jesus dizia e fazia... Quando ouço falar sobre Ele, parece-me que o vejo em pessoa, falando aos discípulos e ao povo... Eu gostaria de estar presente também, ao lado dele, a fim de ouvi-lo...

A interlocutora sorriu e continuou:

— Sim, sim... O que eu queria dizer é que, em outra ocasião, Jesus disse também o seguinte, registrado pelo apóstolo Mateus no capítulo 25, versículos 31 a 40 e seguintes, do evangelho que tem o seu nome:

> Quando vier o Filho do homem na sua majestade e todos os anjos com ele, então se assentará no trono da sua glória; e todas as nações serão reunidas em sua presença, e ele separará uns dos outros, como o pastor separa os cabritos das ovelhas; e porá as ovelhas à sua direita, mas os cabritos à esquerda; então dirá o Rei aos que estiverem à sua direita: Vinde, benditos de meu Pai! Entrai na posse do reino que vos está preparado desde a formação do mundo. Porque tive fome e me destes de comer; tive sede e me destes de beber; era forasteiro e me hospedastes; estava nu e me vestistes, enfermo e me visitastes, preso e fostes ver-me. Então perguntarão os justos: Senhor, quando foi que te vimos com fome e te demos de comer? Ou com sede e te demos de beber? E quando te vimos forasteiro e te hospedamos? Ou nu e te vestimos? E quando te vimos

enfermo ou preso e te fomos visitar? O rei, respondendo, lhes dirá: Em verdade vos afirmo que sempre que o fizestes a um destes meus pequeninos irmãos a mim o fizestes.

— Os *irmãos mais pequeninos* a que Jesus se referia era a humanidade toda que sofre e cada um de nós, quando em sofrimento. Nosso dever, portanto, é socorrer aqueles que sofrem, atendendo ao apelo que o Mestre nos fez.

Se visitarmos os enfermos nos hospitais ou em suas residências, é o mesmo que visitarmos Jesus.

Se visitarmos os órfãos e os velhinhos, nos orfanatos e nos abrigos, e se os ajudarmos e consolarmos com a nossa proteção e o nosso amor, estaremos praticando os ensinamentos do nosso amado Mestre.

Se visitarmos os presos nas penitenciárias, auxiliando-os a se reabilitarem para Deus e para si próprios, é a Jesus que estamos servindo.

Se vestirmos os pobres, que não possuem roupas, e por isso vivem sujos e maltrapilhos; se dermos de comer aos que têm fome, se consolarmos os que choram, enfim, se ajudarmos de qualquer forma aqueles que sofrem e precisam de auxílio, será sempre a Jesus que estamos servindo, porque Ele próprio disse:

"— Todas as vezes que socorrerdes a um destes mais pequeninos dos meus irmãos, a mim mesmo é que o fareis." (MATEUS, 25: 40).

E a Doutrina Espírita, que adotou os ensinamentos de Jesus Cristo como base para sua moral, estabeleceu esta divisa para os espíritas, a qual resume tudo: "Fora da caridade não há salvação" (*O evangelho segundo o espiritismo*, cap. XV).

Essa divisa, criada por Allan Kardec, quer dizer o seguinte:

Se não tivermos amor ao nosso próximo, estaremos fora da Lei de Deus e, por isso, jamais poderemos ser felizes em qualquer parte em que estivermos.

7.2 Fim da reunião

Dona Rosinha falou muito bem, todos gostaram de ouvi-la. Só Elisinha dormia, recostada na poltrona em que se sentara com a boneca ao colo. Ela dormira sob a doçura da palavra evangélica e certamente teria sono calmo a noite toda.

E a bela reunião foi encerrada.

Todos sentiram o amor de Jesus no coração.

* * *

Eu sou o caminho, a verdade e a vida; ninguém vem ao Pai senão por mim. (João, 14:6.)

8

O PRESENTE DO CÉU

8.1 Tio Wilton

Um dos amigos da família Vasconcelos é o jovem Wilton, de vinte e seis anos de idade, professor de curso secundário, muito dedicado à Doutrina Espírita. Faz palestras em vários centros espíritas, explica o Evangelho de Jesus às crianças do seu bairro e atende aos serviços de beneficência de uma instituição muito bem orientada. É um rapaz modelar, que sabe honrar o Espiritismo com o trabalho legítimo e o bom procedimento em casa, com a sua querida mãe. Enfim, por toda parte o jovem Wilton se apresenta como um espírito responsável e exemplar.

Seu principal trabalho, na seara do Mestre, consiste em cuidar das crianças necessitadas. Ele protege as crianças órfãs, para as quais arranja famílias que as adotem como filhas verdadeiras; as crianças doentes, levando-as aos médicos ou aos hospitais para serem tratadas, e as crianças mais pobrezinhas, arranjando roupinhas, sapatinhos, agasalhos, livros didáticos adotados nas escolas, leite, pão e outras coisas mais, ajudando assim os pais pobres a criarem os filhinhos.

Aos domingos, ele visita os hospitais e leva brinquedos e livrinhos com figuras para as crianças doentes se distraírem; visita os asilos e orfanatos e brinca com a criançada, conta-lhes histórias, canta belas canções e sempre o faz com toda a ternura e muita alegria. Tio Wilton, portanto, é uma bela pessoa e um verdadeiro espírita.

8.2 Um ato de amor

Uma tarde, tio Wilton apareceu na casa do senhor Frederico e, depois dos cumprimentos, disse à dona Elizabeth:

— Venho aqui, inspirado pela nossa querida Doutrina Espírita, rogar a caridade do seu coração para uma criança recém-nascida que está sofrendo muito.

Surpreendida, dona Elizabeth olhou para ele e respondeu:

— Oh! Uma criança recém-nascida já sofrendo assim? Meu caro amigo, estou ao seu dispor. Que Jesus me ampare para que eu, por minha vez, ampare a criança que sofre.

Tio Wilton sorriu e explicou:

— No morro de São João existe um homem que tem sete filhos pequeninos. Ele ficou viúvo agora e está também muito doente, desenganado pelos médicos. Hoje, levei-o para o hospital, onde ficou internado. Os médicos de lá disseram que ele tem poucos dias de vida.

O pobre homem entregou-me os sete filhos, para eu arranjar famílias que queiram ficar com eles para sempre. O mais novo deles tem apenas três meses de idade. Passa o dia todo sem mamar direito, sem tomar banho, sem mudar roupinhas, porque o pai não pode levantar-se da cama, e os irmãos são muitos pequenos e não sabem ainda tratar do irmãozinho. Somente eu é que costumo ir lá, depois que saio do trabalho. A senhora quer adotar essa criança para criá-la como se fosse sua filha? Se a senhora fizer isso estará servindo a Jesus, pois Ele disse que sempre que socorrermos aos pequeninos e sofredores será a Ele próprio que o faremos. Além disso, o Mestre disse também:

"— Deixai vir a mim as criancinhas..." (Lucas, 18: 16.)

Muito comovida, com lágrimas nos olhos, dona Elizabeth responde:

— Oh, meu caro irmão Wilton! De todo o meu coração ficarei com essa criança! Mas não posso deixar de, primeiramente, consultar meu marido, para saber se ele também concorda. Trata-se de um menino ou menina?

— É um menino. — respondeu o jovem Wilton.

— Como se chama? — tornou a indagar dona Elizabeth.

— A criança ainda não tem nome, apesar de já estar com três meses, não está registrada, porque a mãe morreu logo depois que ela nasceu, e o pai, doente há muito tempo, não poderia sair para providenciar-lhe o registro.

— Está bem — respondeu dona Elizabeth —, se meu marido permitir que eu fique com esse menino, faremos por ele o que for necessário.

Mamãe então telefonou a papai que estava trabalhando na repartição; contou-lhe tudo o que se passava e de lá ouviu-o dizer, entusiasmado com a novidade:

— Sim, minha querida, ficaremos com a criancinha, coitadinha, e havemos de criá-la como se fosse nosso filho legítimo, tudo de acordo com a lei de adoção. Diga ao Wilton que me espere aí em casa... Irei de carro, já, e ele irá conosco buscar o menino.

8.3 O PRESENTE DE JESUS

Em poucos minutos, chegou o senhor Frederico para resolver o caso. Vovó e Vovô, que foram informados do que se passava, vieram até a casa do filho ficar com os netos, enquanto o casal e tio Wilton iam ao morro buscar o neném.

Quando chegaram lá no barraco, o pai já tinha ido para o hospital e a criança estava numa caminha pobre, sem colchão, sobre uma esteira, as roupinhas sujas e choramingando de fome, chupando as mãozinhas, e com os olhos muitos arregalados. O menino estava acompanhado apenas por um irmãozinho de seis anos.

Dona Elizabeth pegou o menino, agasalhou-o bem e voltaram todos para casa.

Tio Wilton pegou a mão do pequenino de seis anos, por nome Valter, e disse:

— Este irá para minha casa e providenciarei tudo o que for necessário para sua adoção. Eu e minha mãe ficaremos com ele, os outros cinco já estão adotados por famílias muito respeitáveis também.

8.4 A FESTA DA ALEGRIA

Decorridos os trâmites legais, quando chegaram a casa foi uma verdadeira festa. Parecia que o Céu se havia aberto todo, para fazer descer um anjinho, a fim de alegrar a casa do senhor Frederico.

Vovó, vovô e tia Isabela estavam lá, esperando a chegada de dona Elizabeth e do senhor Frederico com a criancinha. Até o Ronaldo e o

Dirceu, de uma família vizinha, apareceram, convidados pelo Carlos, para esperar também. Todos queriam ver se era bonitinha a criança que estava nos braços de mamãe, meio assustadinha por causa do vozerio.

— Ah! Como é lindinho o meu neném! — exclamou Elisinha — É neném de verdade! Ele chora, dorme, acorda, fala e pode brincar comigo, não é mamãe?

— Ele é pequenino, ainda não sabe falar, não, sua bobinha! — aparteou Eneida, corrigindo a irmã.

— Não sabe falar agora, mas depois que crescer, ele vai aprender a falar e a correr pela casa toda! — replicou Carlos, corrigindo Eneida.

Mas era preciso dar um banho na criança, para ela dormir limpinha, tranquila e fresquinha. Mamãe mesma pôs água morna na banheirinha. Tia Isabela correu e foi buscar uma toalha limpa, que pertencia à Elisinha, para enxugar o garotinho. Eneida trouxe o sabonete. Cada um prestou um serviço à importante operação do banho. Parecia que o neném era um reizinho e os outros, criados dele. Todos correram para junto de dona Elizabeth, a fim de assistirem à cerimônia do banho. Mas o menino chorava com medo do banho; agitava as mãozinhas dentro da banheira, batia as perninhas e espalhava água por toda parte, respingando em quem estava perto. Então Eneida teve pena dele e deu-lhe o dedo indicador para ele segurar e se acalmar, o que ele fez agarrando com toda a força. Logo depois, calou-se, ficando apenas assustado quando a mamãe lhe jogava água na barriguinha para banhá-lo bem.

Carlos não se conteve e interveio:

— Ande depressa, mamãe... tire o maninho da água! Ele está batendo o queixinho de frio! Não lave a cabeça dele, não; está noite, pode resfriar-se...

— Lave sim, Elizabeth, não faz mal algum, ele está muito sujinho... — disse vovô, que é médico e sabe muito bem que um bom banho não faz mal a ninguém, nem mesmo às crianças que não estão bem de saúde.

8.5 O vestuário

Para vestir a criancinha, Eneida ofereceu três pares de sapatinhos de lã, que ela própria tinha feito, a fim de presentear qualquer criança de seu conhecimento. Vovó retirou quatro mudas de roupinhas do seu estoque, dedicado aos recém-nascidos pobres, e presenteou-as ao novo netinho. Papai foi correndo à casa de móveis, que ainda estava aberta, e comprou o bercinho com o colchãozinho. Carlos foi à farmácia e comprou a mamadeira e o bico, para o nenê poder mamar. Tia Isabela ofereceu um casaquinho de tricô que ela mesma fizera para dar a qualquer criancinha. A mãe de Ronaldo mandou meia dúzia de fraldas. Dona Elizabeth, muito satisfeita com todas essas coisas, arranjou mais fraldas de panos usados até dar tempo de comprar outras. A cozinheira da casa ofereceu uma chupetinha azul com tampinha, e Elisinha emprestou uns lençoizinhos e cobertas da sua caminha e deu de presente um carrinho, que era dela, para o nenê brincar quando crescesse.

Depois de tudo resolvido, o nenê mamou e dormiu. Estava muito feliz! Mamãe deitou-o no bercinho, colocado ao lado da cama dela, cobriu-o com uma colcha e um cobertorzinho, porque fazia frio, alisou a cabecinha dele, sorrindo, e disse baixinho:

— Deus abençoe o meu novo filhinho.

8.6 A escolha do nome

Todos se retiraram do quarto, encantados e alegres, e então o senhor Frederico disse:

— Agora vamos orar e depois conversar.

Sentaram-se na sala; ele fez uma bela prece, louvando a Deus pela vinda da criança para seu lar, dizendo que a recebia como um honroso presente que o Céu lhe enviava, e pediu as bênçãos de Jesus para o menino, que dormia.

Todos acompanharam a oração com muito respeito e amor. Depois da prece, a mamãe perguntou:

— Que nome havemos de pôr no nosso menino? Ele nem ao menos tem nome...

Começaram a pensar. Eneida queria que o novo irmãozinho recebesse o nome de *Robertinho*, por causa do boneco de Elisinha, que parece mesmo uma criança. Mas papai não aceitou a ideia e respondeu:

— Eu prefiro o nome de um protetor espiritual.

— Então, ponhamos o nome de Emmanuel... — lembrou mamãe — Emmanuel é protetor espiritual de todos nós...

— Também não! — voltou o esposo a ponderar — Nosso querido amigo espiritual Emmanuel já está muito homenageado, pois numerosos filhos de espíritas se chamam Emmanuel.

— Então... Allan Kardec! Léon Denis! Paulo de Tarso! Estêvão! José de Arimatéia! João Marcos! João Evangelista! Ismael!... Enfim, uns trinta nomes de guias espirituais foram lembrados pelas pessoas presentes.

Mas, de repente, Carlos, que ainda não dera opinião, exclamou:

— Posso dar a minha opinião, papai?

— Claro que sim, meu filho.

— Eu tive a seguinte ideia: tio Wilton é médium e trabalha num centro espírita, cujos orientadores espirituais são o Dr. Adolfo Bezerra de Menezes e André Luiz. Certamente foram esses dois Espíritos que o inspiraram a nos procurar para recebermos a criança. Por esse motivo, eles é que deverão ser homenageados pelo nosso reconhecimento...

— Como assim? — perguntaram todos.

— O menino, a meu ver, deve chamar-se Luiz Adolfo.

Todos deram-lhe razão. Foi aceita a sugestão e o menino seria registrado com o nome de Luiz Adolfo.

Quando se despediram para irem deitar-se, papai exclamou, muito contente:

— Sim, temos mais um filho. Honroso presente que o Céu nos mandou!

Eneida, muito séria, aparteou:

— Papai, com certeza Jesus está satisfeito conosco, não é? Ele disse: "Deixai vir a mim as criancinhas"... e nós deixamos uma criancinha órfã vir para nossa companhia, fazendo parte da nossa família, não é?

O pai beijou a filhinha, tão meiga e compreensiva, e a casa silenciou. Todos estavam felizes, porque haviam cumprido um dos mais belos ensinamentos do Evangelho de N. S. Jesus Cristo.

Aquele lar era mesmo abençoado por Deus.

* * *

Meus irmãos, amai os órfãos. Se soubésseis quanto é triste ser só e abandonado, sobretudo na infância! Deus permite que haja órfãos, para que lhes sirvamos de pais. Que divina caridade amparar uma pobre criatura abandonada, evitar que sofra fome e frio, dirigir-lhe a alma, a fim de que não desgarre para o vício! Agrada a Deus quem estende a mão a uma criança abandonada, porque compreende e pratica a sua Lei. – Um Espírito familiar. (KARDEC, Allan. O evangelho segundo o espiritismo. Cap. XIII, it. 18.)

9

Deixai vir a mim as criancinhas

9.1 Os preparativos

Chegou o dia do outro culto infantil do Evangelho.

Tudo estava preparado para o início da reunião. Eneida e Carlos espanaram os móveis, trouxeram os livros para a mesa e arrumaram as cadeiras como se fosse para uma festa.

Quando se esperam visitas é bom arrumar as coisas com zelo e capricho, para que encontrem tudo bonito e agradável. Dona Rosinha e seu marido, o capitão Luís Gonzaga, viriam com os cinco filhos adotivos. Havia muita alegria na casa de dona Elizabeth por causa disso.

Às 19 horas chegaram todos. Além das meninas Valéria e Lívia, que já conhecemos, vieram também o menino Emmanuel, que conta nove anos de idade, a menina Alcíone, com oito, e o garotinho André Luiz, com apenas quatro.

Dona Rosinha adotou essas crianças como filhas quando elas eram ainda recém-nascidas. Ela gosta de pôr nos filhos adotivos os nomes dos personagens de romances espíritas e dos protetores espirituais, que tão bondosamente guiam os nossos passos para os caminhos do bem.

Carlos convidou seus amiguinhos Ronaldo e Dirceu para a reunião daquela noite; Eneida convidou a lavadeira e a cozinheira de sua mãe, recomendando que elas trouxessem os filhos delas, e vovó convidou alguns alunos da sua escolinha.

A mesa estava, portanto, rodeada de crianças, nessa noite. Estava linda! Parecia um ramo de flores! Havia, ao todo, dezessete crianças.

À cabeceira estavam o senhor Frederico e dona Elizabeth, que iam presidir a reunião e dar explicações à criançada. Os adultos se sentavam fora da mesa, atrás das crianças, ou espalhados pela sala, organizando outro círculo.

Tudo pronto, papai resolveu, então, falar sobre a criança. Tomou como tese para a sua palestra um lindo trecho do evangelho escrito pelo evangelista Marcos, no capítulo X, versículos 13 a 16, e fez dele uma adaptação para as crianças entenderem bem.

Papai contou o seguinte:

9.2 Jesus e as crianças

— Queridos meninos! É bom que vocês saibam que Jesus Cristo amava muito as crianças, como também amava toda a humanidade. Mas durante sua vida entre nós, Ele demonstrou carinho especial às crianças, porque sabia que elas, quando crescessem, seriam os servidores da Doutrina que Ele estava ensinando ao povo. Sempre que as encontrava, dava-lhes sua bênção com muito carinho. Muitas doentinhas, paralíticas, fraquinhas, obsidiadas; Ele as curou, cheio de piedade e amor. Elas ficaram boas e alegres e sentiam muito amor por Ele também.

O evangelho de Marcos informa que, um dia, Jesus estava ensinando sua Doutrina a muita gente, na praça pública. Havia muitas mães entre a multidão, que ali tinham ido a fim de ouvi-Lo, levando com elas os filhos para conhecê-Lo, e começaram a aprender a Doutrina que Ele ensinava.

Quando Jesus acabou de falar, elas deram as mãos aos filhos e procuravam levá-los para perto Dele, a fim de serem abençoados por Ele, que era o Mestre de todos.

Havia muito aperto entre a multidão. Mas, empurrando daqui e dali, pediam licença para passar e chegar perto de Jesus com os filhos. Então, houve uma pequena confusão, porque os que O cercavam não queriam ceder o lugar para que elas pudessem aproximar-se Dele.

9.3 Jesus é pelas crianças

Alguns discípulos do Mestre, que estavam também por ali, vendo que aquelas mães empurravam os outros para poderem aproximar-se, chamaram a atenção delas, e com certeza falaram assim:

— Não façam isso, minhas senhoras, não veem como estamos aqui? As senhoras estão perturbando o nosso Mestre, que está ensinando sua Doutrina aos outros...

Elas, provavelmente, responderam a eles, explicando o que queriam:

— Não, senhores, nós não queremos perturbar o discurso do nosso amado Mestre; pretendemos apenas mostrar-Lhe os nossos filhinhos, para que Ele os abençoe.

E os discípulos, decerto, retrucaram-lhes:

— Agora não é possível, há muita gente por aqui. Fica para outra vez.

Mas Jesus prestava muita atenção a tudo, e viu o que estava acontecendo. Compreendeu que elas se sentiriam felizes se Ele abençoasse seus filhos. E como Ele próprio gostava muito de crianças, ficou com pena, porque sabia que as coitadinhas estavam ali havia muito tempo, esperando ocasião para chegarem perto Dele. Então, disse aos discípulos:

"— Deixai que venham a mim as criancinhas; e não as impeçais; porquanto o reino dos céus é para os que se lhes assemelham." (MATEUS, 19:13 a 15; MARCOS, 10:13 a 16; LUCAS, 18:15 a 17).

Essas palavras de Jesus queriam dizer o seguinte: "Deixai que as crianças se aproximem de mim e aprendam a minha Doutrina também, porque elas são tão encantadoras e tão simples! Só entram no reino de Deus as pessoas que tiverem o coração bondoso e humilde como o coração dos pequeninos."

Então aquelas crianças, que iam com as mães, chegaram até Jesus; Ele as abençoou, sorrindo, abraçou-as, sentou-as no colo e com certeza até as beijou, porque Jesus é muito amoroso e gosta de todas as crianças.

9.4 AS CRIANÇAS FAZEM PERGUNTAS

Eneida ficou muito comovida com essa lição, pois ela gosta muito de ouvir falar em Jesus, e então perguntou ao pai:

— Jesus nos está vendo aqui, papai? Ele sabe que nós gostamos Dele e queremos aprender a Doutrina que nos ensinou?

Papai respondeu:

— Certamente que Ele está vendo vocês aqui reunidos, minha filha, tratando de aprender a Doutrina que nos trouxe. E decerto está satisfeito, pois Ele ama as crianças e quer que elas se eduquem na sua Doutrina para serem seus fiéis discípulos quando crescerem.

— Como é que o senhor sabe disso? — indagou Carlos, que é muito curioso e quer investigar tudo ao mesmo tempo.

— Sei porque o próprio Evangelho nos leva a compreender e deduzir os pormenores em torno de Jesus. Ele é o Mestre da humanidade, veio instruir-nos sobre as coisas de Deus e por isso deseja que todos nós aprendamos a Doutrina que nos ensinou e eduquemos o nosso caráter e os nossos sentimentos, para que sejamos homens de bem e Espíritos bons quando desencarnarmos.

Ronaldo, o coleguinha de Carlos, perguntou também:

— Será que Jesus está aqui conosco, conforme esteve com aquelas crianças que chegaram perto dele?

— Certamente, meu amiguinho! — respondeu o senhor Frederico — Nosso amado Mestre estará conosco sempre que suplicarmos suas bênçãos para as nossas reuniões, desde que estas sejam realmente sérias. Não podemos vê-lo porque Ele é um sublime Espírito e nós somos ainda muito imperfeitos em nossa condição de encarnados. No tempo em que Ele viveu na Terra, podia ser visto, porque estava materializado como um homem! Agora, Ele está presente entre nós, sim, mas em Espírito e pensamento. Acabamos de orar pedindo-lhe abençoasse a nossa reunião, e certamente Ele o fez. No capítulo 18 do evangelista Mateus, há a notícia de que o próprio Jesus disse:

"— Porque onde estiverem dois ou três reunidos em meu nome, ali estou no meio deles."[3] Por isso, Ronaldo, certos da presença do Senhor Jesus em nossas reuniões, através do seu pensamento, devemos respeitá-las muito, tratando sempre de coisas muito sérias. Se assim não fizermos, Ele não estará presente e tampouco os nossos guias espirituais.

Durante nossas reuniões, não podemos tratar de coisas fúteis, não devemos dizer mal de ninguém nem de coisa alguma, não devemos criticar os atos do nosso próximo. Se procedermos dessa forma, Jesus e os bons Espíritos se afastarão de nós e, então, virão os maus Espíritos, os mistificadores, os turbulentos e malfeitores, que nos poderão causar muito mal. Estes últimos, sim, é que gostam dos lugares onde há desordem, confusão e desrespeito.

— Jesus gosta de nós conforme gostava das outras crianças que chegaram perto Dele? — perguntou a menina Alcíone.

O senhor Frederico respondeu:

— Não há dúvida de que Ele gosta muito de todos vocês também. Jesus é o Mestre e o Protetor da humanidade e a todos ama com o seu sublime amor.

— Eu também gosto muito "do Jesus"... — exclamou, de repente, o menino André Luiz, tirando a chupetinha da boca para poder falar.

Todos riram da graça tão espontânea da linda criança de quatro anos. Dona Rosinha e o capitão Luís Gonzaga, pais adotivos do menino, ficaram muito comovidos com o testemunho de amor que o pequenino André Luiz deu ao Mestre Nazareno.

* * *

---

[3] N. E.: Ver também *O evangelho segundo o espiritismo*, de Allan Kardec, cap. XXVIII.

E as crianças estavam alegres e felizes, porque se sentiam amadas por aquele doce Jesus, que dissera:

> Em verdade vos digo: Quem não receber o reino de Deus como uma criança, de maneira nenhuma entrará nele. Então, tomando-as nos braços e impondo-lhes as mãos, as abençoava (MARCOS, 10:13 a 16).

10

As visitas a Luiz Adolfo

10.1 Gentilezas

Chegara novamente o dia da reunião das crianças, para o prosseguimento das lições do Evangelho de Jesus Nazareno.

Os filhos de dona Rosinha tinham ido todos. Ronaldo e Dirceu estavam também presentes.

Alguns alunos da tia Isabela, outros da escolinha de vovó, os filhos da cozinheira e da lavadeira e mais umas crianças da vizinhança igualmente estavam presentes.

Havia vinte crianças na sala de dona Elizabeth. Tanto as meninas como os meninos haviam levado um presentinho para Luiz Adolfo e declararam à dona Elizabeth que tinham ido visitar o menino, além de irem assistir à reunião.

O quarto de mamãe ficou repleto com a garotada, que curiosamente desejava ver se a criança adotada pelo senhor Frederico e sua esposa era realmente bonitinha e já sabia sorrir e resmungar. Foi um divertimento, pois o menino era, realmente, muito engraçadinho.

Os visitantes trouxeram para ele muita coisa: um babadouro bordado; um sapatinho de cetim branco, com fitinhas para amarrar; um casaquinho de fustão-flanela, bordado com bichinhos; uma camisetinha enfeitada com rendinhas e fitinhas azuis; uma caixa de sabonetes; uma lata de talco próprio para crianças; meia dúzia de fraldas (agora o nenê já possuía seis dúzias, além das que mamãe fizera); uma cobertinha de retalhos de flanela emendados com crochê; um chocalho de matéria plástica; enfim, o pequenino Luiz Adolfo ganhou todos esses presentes dos seus gentis amiguinhos e admiradores.

A cama de mamãe ficou cheia de presentes, e o Luizinho, no berço, sorria para todos, como se compreendesse a visitação, com os olhinhos muito arregalados, chupando as mãozinhas, agitando as perninhas como se estivesse andando de bicicleta.

10.2 O pensamento de Valéria

Valéria era uma menina muito pensativa. Pouco falava, mas, se conversava, dizia coisas muito sensatas e belas.

Ela havia levado para Luiz Adolfo um travesseirinho de seda azul-celeste, com uma fronha de organdi branco, bordada com o nome dele, também bordado à sombra, trabalho mimoso e encantador feito por suas próprias mãos.

Enquanto todos conversavam e riam à beira do bercinho, ela olhava pensativa, guardando silêncio. Parecia triste, enquanto as outras estavam alegres.

Dona Rosinha, que era mãe muito amorosa, percebendo-lhe a atitude, perguntou-lhe carinhosamente:

— Em que está pensando, minha filha?

E Valéria respondeu, enquanto as outras crianças silenciavam, a fim de ouvir o que ela dizia:

— Estou me lembrando de uma coisa, vendo este menino aqui deitado e nós em volta dele.

— De que você se lembra? — indagou Eneida.

— De Jesus Nazareno, quando nasceu... Conta o evangelho de Lucas, cap. 2, versículos 1 a 20, também denominado "Evangelho da Natividade", que Jesus, muito humildemente, teve por berço uma manjedoura.

— Que é manjedoura? — perguntou a menina Alice, filha da cozinheira.

— Manjedoura é um cocho onde se coloca a comida para os animais, isto é, a alfafa, o milho, a palha, o capim, enfim, todos os alimentos. Esse foi o berço de Jesus; o colchãozinho eram as palhas.

— No dia seguinte — continuou Valéria —, os pastores e o povo da cidade de Belém, onde Ele nasceu, foram visitá-lo, porque a notícia do seu nascimento correu depressa.

— Eles O encontraram deitadinho na manjedoura, quem sabe brincando com as mãozinhas e batendo com as perninhas, assim como está fazendo aqui o nosso Luiz Adolfo.

— Ouço dizer que Jesus nasceu num estábulo, não é, Valéria? — tornou a perguntar a menina Alice.

E Valéria respondeu:

— O evangelho de Lucas é o único que dá notícias do nascimento de Jesus. Mas ele não diz que Jesus nasceu em um estábulo, e sim que foi deitado em uma manjedoura... E o evangelista Mateus trata desse assunto muito rapidamente... No entanto, a mais antiga tradição cristã esclarece que Jesus nasceu, sim, num estábulo.

— E estábulo, o que é? — perguntou ainda a menina Alice.

— Estábulo é o abrigo onde se recolhem os animais, isto é, os bois, os cavalos, os carneiros, as ovelhas, para eles passarem a noite e se resguardarem do frio, das chuvas e das feras.

— Coitadinho de Jesus! Não teve nem as fitas, nem as rendas que vemos com o Adolfinho. — disse o menino Dirceu, que nutria muito sentimento de piedade pelas crianças pobres.

Mas Valéria continuou, sempre séria e pensativa:

— Tinha que ser assim mesmo. Jesus, o filho de Deus, foi enviado à Terra para nos ensinar todas as virtudes, a fim de que aprendamos a ser bons e passemos a ser considerados seus discípulos. Nascendo num estábulo e tendo por berço a manjedoura dos animais, combateu as vaidades deste mundo e nos deu o exemplo da humildade e da simplicidade.

Certamente que Ele poderia ter nascido num palácio. Mas se o fizesse, não poderia ensinar a humildade aos seus discípulos. A humildade é a primeira virtude que devemos aprender com Jesus. Se não a possuirmos, não saberemos sentir nenhuma outra virtude ensinada pelo nosso Mestre.

Todos estavam silenciosos e Valéria prosseguiu:

A família espírita

— Este menino, Luiz Adolfo, nasceu num casebre situado num morro dos mais pobres do Rio de Janeiro. Era filho de pais que nada possuíam para dar aos filhos. Antes de morrer, tiveram de dar todos eles a outras famílias para que não ficassem ao abandono, pelas ruas. Jesus, apesar de haver nascido pobremente e ter por berço as palhas de uma manjedoura, era o Filho de Deus, o Mestre da humanidade, que deu aos homens a Doutrina da salvação!

Quem sabe, meu Deus, se este Luiz Adolfo, tão pobremente nascido, mas logo socorrido pelos corações bondosos, fiéis aos ensinamentos do Mestre, não será um grande discípulo do mesmo Jesus, digno de ser chamado fiel obreiro do Mestre da humanidade?

Era nisso que eu pensava, lembrando que os pastores de Belém e todo o povo da cidade visitaram Jesus, no estábulo, no dia seguinte ao do seu nascimento, e lhe ofereceram presentes também.

Valéria parecia inspirada por um bom Espírito para falar assim às crianças, ela, que era também criança. Dona Elizabeth ficou muito comovida e disse:

— Querida amiguinha, você lembrou muito bem. Veja se pode escrever uma página sobre o nascimento de Jesus para lê-la durante uma de nossas reuniões. Você já completou doze anos de idade, precisa começar a exercitar os ensaios da literatura evangélica.

As crianças gostaram muito das palavras de Valéria, mas ninguém falou mais nada. Apenas Eneida, chegando perto do novo irmãozinho, alisou a cabecinha dele com muito carinho. O menino sorriu, batendo as perninhas, como se estivesse a andar de bicicleta. Então, ela disse consigo mesma:

— É sim, ele é tão bonitinho! Até parece o menino Jesus deitadinho na manjedoura!

10.3 A REUNIÃO

Mas Frederico chamava para começar a reunião, e a criançada deixou o quarto de Luiz Adolfo, dirigindo-se para a sala.

A mesa ficou rodeada de crianças. Frederico abriu os trabalhos com o *Pai-nosso* e começou a ensinar o ponto do dia. Ele sugeriu aos pequeninos perguntassem o que quisessem sobre o Evangelho e a Doutrina Espírita. O ponto a estudar seria o *Sermão da montanha*. Então, Ronaldo perguntou:

— Senhor Frederico, eu ouço falar no *Sermão da montanha*, mas nada sei a respeito disso.

— Sim meu amiguinho, vamos justamente tratar desse assunto nesta reunião. Falarei, pois, sobre esse importante trecho do Evangelho do Senhor Jesus, já que você deseja tanto conhecê-lo.

No capítulo seguinte encontraremos explicações sobre o *Sermão da montanha*, também chamado *Sermão do monte*.

✳ ✳ ✳

E isto vos servirá de sinal: encontrareis uma criança envolta em faixas e deitada em manjedoura. (Lucas, 2:1 a 20; Mateus, 1:18 a 25.)

11

O SERMÃO DA MONTANHA

11.1 O DISCURSO DE JESUS

O senhor Frederico começou a explicar o que significava *Sermão da montanha*.

— O *Sermão da montanha* — disse ele — não é somente um dos trechos mais belos e importantes do Novo testamento de N. S. Jesus Cristo, mas também dos mais elevados códigos de moral, programa ideal de conduta para o mundo inteiro. Nele estão contidas as leis da mais sublime moral que os homens poderiam conhecer e praticar. Pode-se dizer que a pessoa que praticar aqueles ensinamentos construirá o reino de Deus dentro do próprio coração, porque passará a ser modelo de virtudes e possuirá um caráter equilibrado e perfeito.

— Por que se chama *Sermão da montanha*? — perguntou Ronaldo, insistindo no desejo de aprender.

— Chama-se *Sermão da montanha* pelo motivo seguinte: Jesus subiu a uma pequena colina, isto é, a uma elevação do terreno, seguido por grande multidão. Sentou-se, ou talvez ficou mesmo de pé, e começou a pronunciar um discurso, um sermão. Nesse discurso, ele expôs, com minúcias, as leis, as sentenças, enfim, o programa da Doutrina que viera ensinar ao povo, por determinação de Deus, enfeixando os ensinamentos necessários à regeneração moral das criaturas. É o modelo para cada um de nós renovar a própria alma, educá-la, tornando-se bom para si mesmo, amigo do próximo e obediente às Leis de Deus. Essa exposição, portanto, nos aponta e ensina os deveres de todos nós para com Deus, o próximo, a sociedade e consigo.

— Tia Isabela disse que é no *Sermão da montanha* que está o ensinamento de Jesus sobre a prece chamada *Pai-nosso*, não é, papai? — perguntou Eneida.

— Sim, minha filha, em muitas passagens do Evangelho há ensinamentos e conselhos sobre a oração. Mas, com efeito, é no *Sermão da montanha* que o evangelista Mateus (6:9 a 15) coloca o *Pai-nosso*. Lucas (11:2 a 4), no entanto, por vezes mais resumido ao citar certas passagens do Evangelho, assinala a mesma oração fora do *Sermão da montanha*.

Essa prece, tão simples e tão linda, tem consolado e servido ao coração dos cristãos há dois mil anos! Por aí se vê, minha filha, que ela é um ditado do Céu, uma mensagem imortal e muito sábia. Devemos amá-la, respeitá-la sempre com amor e muita confiança. É educativa e consoladora, encerra ensinamentos profundos, advertências importantes para o nosso modo de agir perante Deus e nós mesmos. O *Pai-nosso* é também chamado *Oração dominical*.

11.2 O PAI-NOSSO

— Que quer dizer *Oração dominical*? — tornou a perguntar a menina Eneida.

— Quer dizer *Oração do Senhor*. A palavra *dominical* vem do latim *Dominus*, que quer dizer *Senhor*. Como foi Jesus quem a ensinou a seus discípulos e ao povo, os cristãos a denominaram *Oração dominical*, isto é, oração ensinada pelo Senhor, *Oração do Senhor*. Esta prece, conforme sabemos, é simples e muito expressiva, segundo se vê no evangelho escrito por Mateus, no capítulo 6, versículos 9 a 15:

> Pai nosso, que estás nos céus, santificado seja o teu nome. Venha a nós o teu reino. Faça-se a tua vontade, assim na Terra como no Céu. O pão nosso de cada dia dá-nos hoje. Perdoa as nossas dívidas, assim como perdoamos aos nossos devedores, e não nos deixes cair em tentação; mas livra-nos do mal. Amém.

— Que quer dizer *amém*? — voltou a indagar Eneida.

— Quer dizer *assim seja*, como os espíritas usam dizer.

11.3 A PERGUNTA DE CARLOS

— Papai, qual o evangelista que trata do *Sermão da montanha?* — indagou Carlos, muito interessado, porque ele fazia diariamente aquela oração, isto é, o *Pai-nosso*.

E o senhor Frederico responde com minúcias:

— Conforme acabei de dizer, o evangelista Mateus, nos capítulos 5, 6 e 7 do seu evangelho, trata do *Sermão do monte* com muitos detalhes. As leis morais do Cristianismo, portanto, se encontram muito bem expostas nesses capítulos.

Mateus foi um apóstolo que conviveu muito de perto com Jesus, presenciou, certamente, e anotou com precisão tudo o que Jesus falou nesse dia. Mateus decerto estava presente e agiu como um repórter da atualidade, que ouvisse o programa de governo de um grande estadista e depois o descrevesse.

— Foi somente o evangelista Mateus que escreveu sobre o *Sermão do monte*? — insistiu Ronaldo, que simpatizava muito com esse tema.

— Não, meu amiguinho, já o disse! Também o evangelista Lucas, no capítulo 6, expõe vários trechos dos ensinamentos contidos naquele belo sermão, mas sem as minúcias descritas por Mateus. Isso é razoável, pois Lucas não conheceu pessoalmente, não conviveu com o Mestre, não estava presente, portanto, quando Jesus discursou. Escreveu o seu evangelho, porque investigou sobre a vida e os atos do Senhor e escolheu os dados necessários. Ele agiu como um escritor, que investiga o passado recente de uma personagem importante e depois escreve um livro sobre ela. No capítulo 11, versículos 1 a 4, Lucas se refere à *Oração dominical* e muitos conceitos expressos por Mateus no *Sermão da montanha* ele os reproduz em seu evangelho, embora salteadamente.

Na próxima semana, continuaremos a falar sobre o *Sermão do monte*. Falaremos das *Bem-aventuranças*, que foram pronunciadas por Jesus durante o mesmo sermão. Por hoje basta.

E a reunião daquela noite foi encerrada na paz de Deus.

* * *

Assim, pois, é que vós haveis de orar: Pai nosso que estás nos céus, santificado seja o teu nome [...] (MATEUS, 6:9 a 15.)

12

As bem-aventuranças

12.1 Isabela substitui papai

As crianças e também os adultos que assistiram à última reunião ainda traziam na lembrança as explicações que papai havia dado sobre o *Sermão da montanha*. Mas, na terça-feira seguinte, dia do culto do Evangelho para as crianças, o senhor Frederico foi convidado a falar em um centro espírita e quis que a esposa o acompanhasse. Por esse motivo, a tia Isabela substituiu ambos, e as crianças receberam a lição que esperavam com muito interesse. À hora exata, a reunião foi aberta em nome do divino Mestre, isto é, em nome de Jesus.

Logo de início, a senhorita Isabela disse:

— Hoje trataremos das *Bem-aventuranças,* assunto que não pôde ser estudado na reunião passada.

Ronaldo então exclamou, denotando interesse:

— É outra coisa que eu ouço os outros falarem, sem que eu saiba o que quer dizer. Pode explicar-me, tia Isabela?

Ele também a chamava *tia*, apesar de não ser seu sobrinho. Fazia-o por ver Carlos e Eneida a tratarem assim e porque todos os meninos se habituaram a chamar de *tia* as professoras. As crianças gostavam muito dela, não só porque era muito boa e bem-educada, mas também porque a achavam bonita. As crianças, em geral, gostam de professoras moças e bonitas. Nesse dia, então, tia Isabela estava ainda mais linda. Vestia um vestido branco de lindo bordado à mão, muito elegante, e trazia os cabelos singelamente penteados e perfumados.

Isabela sorriu e começou as explicações:

12.2 As bem-aventuranças

As chamadas *Bem-aventuranças* também fazem parte do *Sermão da montanha*, portanto, são parte do Evangelho de N. S. Jesus Cristo.

Elas estão no capítulo 5 do evangelho escrito por Mateus e ocupam 12 versículos.

Trata-se de uma série de sentenças, e cada uma delas representa uma lei, criada e aplicada pela sabedoria e a justiça de Deus.

— A senhora pode dizer como são essas *Bem-aventuranças*, tia Isabela? — pediu Carlos. Isabela continuou:

— O evangelho escrito por Mateus explica que Jesus, vendo grande multidão de pessoas ao seu redor, aproveitou o momento para ensinar as principais leis da sua Doutrina. Subiu a uma colina e começou a fazer o discurso, expondo os ensinamentos mais necessários. Ele o iniciou justamente com as *Bem-aventuranças*. E o primeiro, conforme vimos na reunião passada, é o que chamamos de *Sermão da montanha*. Ele começou a falar assim:

— "Bem-aventurados os humildes de espírito, porque deles é o reino dos céus". Humilde de espírito, ou pobre de espírito, quer dizer pessoa de coração simples, sem vaidades nem ambições, humilde.

"Bem-aventurados os que choram, porque serão consolados". Quer dizer: As pessoas que sabem sofrer com paciência e resignação, sem se revoltarem contra Deus e, confiantes em sua misericórdia, receberão grandes consolações concedidas pela justiça de Deus, porque fazem jus a elas pelo bom procedimento durante as provações. Essas consolações poderão ser concedidas no além, depois da desencarnação da pessoa, e também poderão ser permitidas em grandes recompensas, em existências futuras ou mesmo na existência presente, algum tempo após o sofrimento que a pessoa estiver passando.

"Bem-aventurados os mansos de coração, porque possuirão a Terra". Ser manso é ser compreensivo, tolerante, evitar discórdias e intrigas, procurar tudo harmonizar com bondade para estabelecer a concórdia e o progresso. Possuir a Terra quer dizer: voltar a reencarnar neste mesmo planeta, a fim de continuar a trabalhar pelo seu progresso moral, quando ele se for tornando planeta bom e adiantado.

"Bem-aventurados os que têm fome e sede de justiça, porque serão fartos". Ter fome e sede de justiça quer dizer: as pessoas que muito sofrem por um ideal humanitário superior; as pessoas que sofrem injustiças de todas as formas, quer no seio da família ou da sociedade; que sofrem pela sua religião, ou pelo seu ideal justo e nobre um dia alcançarão o que desejam e verão vitoriosos os próprios ideais, ficando então satisfeitas e felizes, fartas, pela felicidade conquistada. Mas, essa vitória poderá ser no mundo espiritual, nossa verdadeira pátria, ou em existências futuras. Poderá ser também na existência presente.

"Bem-aventurados os misericordiosos, porque alcançarão misericórdia". Teremos que examinar e assimilar bem o sentido da misericórdia. Essa palavra é sinônimo de compaixão, de caridade e de amor. Se, portanto, formos misericordiosos com nosso próximo, estaremos cumprindo a Lei de Deus e, então, teremos o direito de, por nossa vez, receber a misericórdia das Leis de Deus para nós próprios.

"Bem-aventurados os limpos de coração, porque verão a Deus". Limpo de coração quer dizer: o Espírito já perfeito, que poderá ver e compreender Deus, participando dos planos da Criação e das leis superiores do universo, tal como acontece com o próprio Jesus.

"Bem-aventurados os pacificadores, porque serão chamados filhos de Deus". Ser pacífico é trabalhar pela paz em todos os setores da vida, desde o próprio lar até o governo de uma classe, um grupo, um país. É ser bom, prestativo, conciliador, amoroso, fraterno, amando a vida no que ela possuir de mais nobre, para o bem de todos.

"Bem-aventurados os perseguidos por causa da justiça, porque deles é o reino dos céus". A justiça é um dos atributos da perfeição de Deus. Se lutamos para estabelecer a justiça neste mundo, qualquer que seja a sua feição, e formos perseguidos por isso, teremos sofrido em proveito de uma causa superior e divina e, por isso mesmo, seremos felizes no mundo espiritual; teremos tranquila a própria consciência, porque cumprimos um dever para com Deus, nosso Criador. Muitos homens neste mundo sofreram perseguição por amor à justiça. Os apóstolos de Jesus Cristo e os mártires do Cristianismo foram alguns deles.

"Bem-aventurados sois quando, por minha causa, vos injuriarem e vos perseguirem e, mentindo, disserem todo mal contra vós". Quando servimos à Causa de Jesus ou a um outro ideal elevado qualquer, seja ideal humanitário ou divino, não nos devemos incomodar que digam mal de nós por causa disso. Mas devemos agir sempre com honradez, para que o que disserem seja mentira e não verdade.

"Regozijai-vos e exultai, porque é grande o vosso galardão nos céus; pois assim perseguiram os profetas antes de vós". Jesus nos avisa que sofrer pela Doutrina dele, seja qual for o sofrimento, será mérito, uma honra para todos nós. Em todos os tempos, houve homens que sofreram pela causa de Deus, mesmo antes da vinda de Jesus Cristo a este mundo. Se soubermos sofrer pela Doutrina de Jesus, fazer renúncias por ela, trabalhando e cumprindo os deveres que ela nos pede, poderemos considerar-nos discípulos Dele, dignos da sua confiança, e isso será motivo de alegria e felicidade para nós todos, na vida espiritual e nas existências futuras.

12.3 O interesse de Carlos

— É só o evangelho de Mateus que trata das *Bem-aventuranças*? — tornou a perguntar Carlos, que começava a se familiarizar com os assuntos evangélicos.

— Não — respondeu Isabela —, seu pai já explicou isso durante a reunião passada. O evangelista Lucas, no capítulo 6, versículo 20 a 23 do seu evangelho, necessariamente tratou das *Bem-aventuranças*, porque foi com elas que Jesus iniciou o mesmo sermão. Somente; Lucas não descreveu com as minúcias existentes no evangelho de Mateus, nem com a mesma ordem.

12.4 Fim da reunião

As pessoas presentes haviam prestado muita atenção. A lição não fora fácil. O ponto das *Bem-aventuranças*, para ser compreendido, precisa ser bem explicado. Tia Isabela era professora, gostava de explicar tudo muito bem e claramente. Além disso, conhecia bastante o Evangelho e a Doutrina dos Espíritos. Vovó, que assistia à reunião, perguntou:

— Vocês compreenderam bem as explicações de Isabela? Não querem fazer perguntas?

Os meninos responderam:

— Sim, compreendemos. Mas durante a semana havemos de estudar esses pontos todos, pensar muito sobre eles e depois, então, faremos perguntas. Está bem assim, tia?

— Está ótimo! É assim mesmo que se estuda. Não poderemos aprender um assunto tão delicado de uma só vez. O estudo do Evangelho deve ser feito durante a nossa vida inteira. É como a música, ou as artes em geral, a ciência, etc. Nunca poderemos deixar de estudá-las, porque seu aprendizado é infinito. O Evangelho é uma ciência celeste. Como poderemos, então, compreendê-lo, senti-lo e praticá-lo de uma só vez? Temos de iniciar o seu estudo na infância, a fim de podermos saber alguma coisa sobre ele na idade adulta.

Mas a hora estava esgotada. Os meninos estavam satisfeitos. Isabela encerrou a reunião com uma prece de agradecimento.

Depois de tudo, dona Júlia, a vovó, ofereceu chá com biscoito às crianças. Elas gostaram muito da ideia de vovó. Os biscoitos estavam uma delícia, com muito gosto de manteiga.

Carlos disse:

— Esta minha avó faz cada doce gostoso!... Por isso é que eu gosto de ir à casa dela, aos sábados.

— Ah! seu comilão! Então é por isso que você gosta de ir à minha casa, aos sábados? Para castigo de tal franqueza, coma outros biscoitos... — disse ela, puxando delicadamente as orelhas do netinho querido.

E tudo o mais foi assim, entre a harmonia dos verdadeiros cristãos e dos verdadeiros espíritas.

* * *

Todo aquele, pois, que ouve estas minhas palavras e as pratica será comparado a um homem prudente, que edificou a sua casa sobre a rocha. (MATEUS, 7:24. LUCAS, 6:46 a 49.)

13

O VALOR DA ORAÇÃO

13.1 As crianças devem orar

Algumas das crianças que frequentam as reuniões na casa do senhor Frederico não gostam de orar. Mas Carlos, Eneida e Elisinha não são assim. Eles gostam de orar porque foram habituados a isso pelos pais, desde muito cedo.

Quando chegou o outro dia do culto do Evangelho no lar, o senhor Frederico disse à dona Elizabeth:

— Minha querida, precisamos esclarecer melhor estas crianças sobre o modo de orar.

— Tem razão, querido Frederico, é isso mesmo; trata-se de uma coisa muito necessária.

À noite, ele abriu a reunião e começou a lição sobre o importante tema.

Logo de início, Carlos e seu coleguinha Ronaldo, que estão se adiantando muito nos ensinamentos evangélico-espíritas, solicitaram respostas às seguintes perguntas:

— O senhor poderá nos ensinar hoje a respeito da oração?

— Por que devemos orar?

— Além do *Pai-nosso*, Jesus ensinou a orar outras vezes?

— Como é que o espírita deve orar?

Até parecia que os dois meninos estavam inspirados para fazer perguntas. Talvez estivessem mesmo. As crianças também podem ser inspiradas pelos Espíritos e pelos seus guias espirituais.

Algumas são até *médiuns videntes* e *ouvintes* por natureza, sem jamais terem procurado desenvolver as próprias faculdades mediúnicas, pois crianças não devem e não podem mesmo desenvolver faculdades mediúnicas. Mesmo assim, algumas vezes veem e ouvem os Espíritos desencarnados e falam com eles naturalmente.

Ouvindo a pergunta de Carlos e de seu amigo Ronaldo, vovó exclamou:

— Estas crianças fazem cada pergunta! Chegam até a embaraçar os mais velhos! Parece que são Espíritos que reencarnaram muitas vezes. Creio até que foram espíritas em vidas passadas.

Papai sorriu, mas disse apenas: — Comecemos nossa reunião.

13.2 Jesus ensinou a orar

— A primeira vez que Jesus nos ensinou a orar foi durante o *Sermão da montanha*, conforme sabemos — começou o senhor Frederico a falar. — Nessa ocasião, ensinou o *Pai-nosso* e até explicou o modo de proceder para que nossa oração seja bem feita.

— Ele recomendou o seguinte, e o evangelista Mateus dá essa notícia no capítulo 6 do evangelho que tem o seu nome, versículos 5 a 8: "Quando orares — disse Jesus —, entra no teu quarto, e, fechada a porta, orarás a teu Pai que está em secreto; e teu Pai, que vê em secreto, te recompensará".

— O Pai a que Jesus se referia é Deus, e o que Ele quis dizer foi que seremos sempre atendidos nos pedidos que fizermos a Deus, se os pedidos forem razoáveis e se orarmos com humildade e com sincero sentimento de amor e respeito ao nosso Criador.

— Também no capítulo 11 do evangelho escrito por Marcos há esta importante recomendação de Jesus, nos versículos 25 a 26: "E quando estiverdes orando, se tendes alguma coisa contra alguém, perdoai, para que vosso Pai celestial vos perdoe as vossas ofensas. Mas se não perdoardes, também vosso Pai celestial não vos perdoará as vossas ofensas".

— Como vemos, foi o próprio Jesus que nos ensinou o modo de orar. E devemos orar porque esse é o meio de nos comunicarmos com o nosso Criador e Pai, que é Deus; com Jesus, nosso Mestre e educador, e com os seus mensageiros, que são os nossos bondosos guias e protetores espirituais.

Mas para que a nossa prece consiga chegar ao Criador, será necessário que o nosso coração esteja limpo de qualquer hostilidade contra o próximo. Também será necessário sentirmos humildade, fé e confiança em Deus, no momento em que estivermos orando e em todos os dias da nossa vida.

É, pois, assim que o cristão e o espírita devem orar.

13.3 O QUE DEVEMOS PEDIR

A menina Lívia Gonzaga, filha adotiva de dona Rosinha e do capitão Luís Gonzaga, estava presente nessa reunião.

Ela aparteou, vendo que o senhor Frederico fazia uma pausa:

— Minha mãe ensina que não é tudo que devemos pedir a Deus. Ela diz que é necessário meditar para sabermos o que havemos de pedir. Que devemos, então, pedir?

E o senhor Frederico respondeu:

— Devemos pedir apenas aquilo de que realmente necessitamos, isto é, forças para o bom cumprimento dos nossos deveres, a fim de adquirirmos as boas qualidades da alma e do coração; auxílio para o nosso progresso moral e espiritual; consolo e ajuda para nossa saúde, se estivermos doentes, e para a saúde do nosso próximo; paz para a humanidade, etc.

— E essas boas qualidades do coração, quais são, papai? — perguntou Carlos.

— São os dons da alma, meu filho! O amor, a humildade, a caridade, a fé, a esperança, a paciência, o sentimento de justiça, a fraternidade e o respeito à pessoa do nosso próximo, a coragem nas lutas e provações da vida, a compreensão e a dedicação às coisas de Deus, etc.

A família espírita

— E o que não devemos pedir? — interveio o menino Emanuel.

O senhor Frederico tornou a responder:

— Não devemos pedir riquezas nem luxo, nem a satisfação das nossas vaidades ou das nossas ambições inferiores, nada que nos possa prejudicar ou prejudicar o nosso próximo, porque isso seria prova de nossa inferioridade e desrespeito às Leis de Deus.

Podemos também orar por aqueles que sofrem; pelos Espíritos desencarnados ainda sofredores ou atrasados nos conhecimentos da vida espiritual; pelas pessoas doentes, pelas crianças órfãs; pelos prisioneiros no fundo dos seus cárceres; pelos que trabalham pelas causas nobres e pelos que viajam; pelos velhos abandonados e os mendigos; pelos nossos amigos e familiares e até por aqueles que nos querem mal.

Tudo isso é prova de amor ao nosso próximo, é beneficência e caridade. Se assim procedermos, seremos beneficiados também, porque atrairemos a simpatia e a assistência dos bons Espíritos, porquanto estaremos praticando o bem e, portanto, cumprindo a Lei de Deus.

13.4 Jesus também orava

O expositor fez uma pausa e depois continuou:

— Por mais de uma vez o divino Mestre aconselhou a oração e Ele próprio deu o exemplo. Frequentemente, o Evangelho esclarece que *Jesus se retirava para orar*. Nessas ocasiões, Ele orava em segredo, conforme nos recomendou, quando disse:

"— Quando orares, entra no teu quarto e, fechada a porta, orarás a teu Pai em secreto; e teu Pai, que vê em secreto, te recompensará".

No capítulo 17 de João, há a noticia da bela oração que Jesus fez pelos seus discípulos, durante uma reunião que teve com eles.

No *Monte das oliveiras*, Jesus orou por si próprio, rogando ao Pai forças para suportar o seu sacrifício nos braços da cruz. (MATEUS, 26:36 a 46; MARCOS, 14:32 a 42; LUCAS, 22:39 a 46.)

Ele orou até mesmo depois de crucificado, pouco antes de expirar.

Todos conhecemos a comovente súplica que Ele fez pelos seus algozes, quando já pregado na cruz. A súplica é esta:

"Pai, perdoa-os, porque eles não sabem o que fazem". (LUCAS, 23: 34.)

O senhor Frederico ainda tinha muito o que dizer sobre a oração, mas a hora se tinha esgotado e ele disse apenas, encerrando a aula:

— Meus queridos filhos, em reuniões futuras certamente apresentarei mais ensinamentos sobre Jesus e a oração. Vocês estão começando agora e, por enquanto, basta o que eu disse hoje. Está encerrada a nossa reunião.

Deus nos abençoe.

* * *

E eu não rogo somente por estes, mas também por aqueles que vieram a crer em mim por intermédio da sua palavra. (JOÃO, 17:20.)

14

Elisinha

14.1 Uma menina espírita

Elisinha conta sete primaveras. É uma menina inteligente e esperta. Está na escola, já sabe ler bem as lições, contar razoavelmente e conversar com desembaraço.

Elisinha atende ao telefone como se já fosse uma mocinha, e assim conversa com os avós, com a tia Isabela, com as meninas Alcíone, Lívia, Valéria e até com a sua professora.

Ela assiste também às reuniões de Evangelho e Doutrina Espírita que seus pais realizam semanalmente em casa para as crianças; já ora sozinha o *Pai-nosso* e aprendeu que Jesus é o Mestre da humanidade, que nasceu em Belém, a cidade de Davi, e foi crucificado em Jerusalém, a capital da antiga Palestina.

Todos pensavam que Elisinha sabia somente isso, que não prestava atenção às demais aulas nem aos estudos nas reuniões dos adultos.

Mas todos se enganavam. A menina compreendia tudo muito bem e prestava atenção às conversas entre os pais e os avós sobre certos fatos do Espiritismo.

Por exemplo, Elisinha já compreende que, às vezes, uma pessoa pode parecer muito doente e até dar mostra de que está ficando louca. Depois, essa pessoa vai ao centro espírita do qual vovô é o presidente e onde dona Rosinha, tia Isabela, tio Wilton e outras pessoas mais são os médiuns. Todos esses médiuns, e também vovô, tratam do doente pelo Espiritismo, sem cobrarem nada, e o doente fica bom. Ela sabe também que, de outras vezes, uma pessoa está com muita dor de cabeça, angustiada, desanimada. Mas essa pessoa se fecha no quarto, lê uma página do Evangelho e faz uma prece; pede a Jesus que um bom Espírito lhe possa dar um passe, mesmo de longe. A pessoa passa, depois, por uma ligeira sonolência, e dali a pouco está livre da dor de cabeça, da angústia e do desânimo...

E muitas coisas mais ela sabe, nesse sentido. É só puxar por ela, porque ela dá provas de que é, realmente, uma menina espírita, apesar de contar apenas sete anos de idade.

14.2 Mamãe assustada

Quando Elisinha vai à escola, alguém de casa a acompanha.

À tarde, outra pessoa vai buscá-la.

A escola é muito perto de casa, mas Elisinha ainda é muito pequena para sair sozinha à rua.

Um dia desses, às quatro horas da tarde, ou seja, 16h, mamãe disse à empregada que a auxilia a tratar das crianças:

— Antonieta, são quatro horas; por favor, vá buscar a Elisinha, porque a aula deve estar terminando.

Antonieta obedeceu e foi buscar a menina.

Mas o relógio deu quatro horas e quinze minutos. Depois deu quatro e meia, e Antonieta não aparecia com a Elisinha.

Dona Elizabeth já estava preocupada com a demora. Como Carlos já havia chegado da aula, ela lhe disse:

— Meu filho, vai ver o que aconteceu. São 16 h 30 min e Antonieta ainda não regressou com sua irmãzinha.

— Com certeza a turma toda ficou presa, mamãe. Essas crianças pequenas são impossíveis de se aturar, elas aborrecem as professoras, mas eu vou ver...

Carlos foi, portanto. Mas passou meia hora e Carlos também não aparecia. Já muito inquieta, dona Elizabeth, em pessoa, saiu e dirigiu-se à escola, ansiosa por saber o que se passava. Quando chegou lá uma enorme surpresa a esperava.

14.3 O testemunho de Elisinha

Elisinha estava sentada numa cadeira, rodeada de cinco professoras, e conversava animadamente com elas. Estavam também presentes algumas alunas, acompanhadas por suas mães. A um lado estavam Antonieta e Carlos, que sorriam satisfeitos.
Dona Elizabeth entrou de mansinho e ouviu a conversa.

Uma professora estava perguntando:

— Então, Elisinha, você diz que é espírita, assiste ao culto infantil de Evangelho em sua casa e por isso não quer assistir à aula de religião da nossa escola?

— É, sim, senhora! Eu sou espírita e assisto às reuniões de estudo do Evangelho que mamãe e papai fazem lá em casa, para todos nós...

— Quer dizer que você já é espírita, assim tão pequena?

— Sim, senhora, eu sou espírita e meus irmãos também são...

Outra professora perguntou:

— Você gosta de Jesus Cristo?

— Oh! Eu amo muito o nosso Mestre Jesus Cristo.

— Você sabe quem é Jesus?

— Sei sim, senhora! Jesus é o nosso Mestre, que nos ensinou o caminho do bem, para chegarmos até Deus. Ele próprio disse: "Eu sou o *Caminho, a Verdade e a Vida,* ninguém vai ao Pai senão por mim." (João, 14:6.)

A professora fez uma pausa e depois continuou:

— Ele não é apenas nosso Mestre! Ele foi o próprio Deus, que morreu na cruz para nos salvar.

Mas Elisinha contestou:

— Não, senhora! Ele não é Deus! Ele é o filho de Deus, como nós também, e veio ao mundo para nos ensinar as Leis de Deus! É nosso Mestre, nosso irmão mais velho, muitíssimo mais sábio e muitíssimo mais perfeito... Sua perfeição se perde na eternidade dos tempos... Papai sempre explica isso, nós sabemos isso muito bem lá em casa... mas Ele não é Deus.

Elisinha dizia a verdade. Ela sabia que, no próprio Evangelho, Jesus sempre diz que é Filho de Deus e não o próprio Deus. Pois, se Jesus disse isso de si próprio é porque é verdade. Ele não é Deus, é *Filho de Deus*, o Espírito mais perfeito que já viveu sobre a Terra.

Mas a conversa prosseguiu e outra professora perguntou:

— Muito bem, você diz que é espírita. Então, acredita na reencarnação? Os espíritas aceitam a reencarnação.

— Acredito, sim, senhora!

— Mas você não sabe o que é reencarnação, é ainda muito pequena para compreender tal coisa.

— Eu sou pequena, mas sei o que é reencarnação, sim, senhora! Papai ensina sempre isso nas reuniões das pessoas grandes; eu ouço e aprendo...

— Então, se sabe, quer dizer o que é reencarnação? — tornou a perguntar a mesma professora.

— A reencarnação é o Espírito que encarna várias vezes em corpos de carne, para progredir bem e se aperfeiçoar...

— Mas, como pode ser isso? Que corpos são esses? São corpos de gente?

— São corpos de gente, sim, senhora! Isso é assim: o nosso Espírito está no Espaço, não é? O Espaço é o mesmo que o *mundo espiritual*. Nós estamos, portanto, no mundo espiritual, desencarnados. Depois, nascemos neste mundo, quer dizer, na Terra, nosso Espírito encarna em nosso corpo... Então nós somos nenezinhos, temos pai, mãe, irmãos, avó, avô, tia, tio, uma família inteira, como eu tenho a minha e a senhora tem a sua. Vai indo, a gente então cresce, cresce e fica grande, é uma moça como tia Isabela, ou é um rapaz como o tio Wilton. Depois a gente se casa e tem filhos. Outros Espíritos encarnam neles. Depois a gente envelhece e desencarna, isto é, o Espírito deixa o corpo e o corpo morre. Mas, às vezes, a gente desencarna quando é moço mesmo, ou quando é pequeno, conforme a necessidade do nosso Espírito.

— Sim, muito bem, você está muito adiantada na sua Doutrina. Mas, e depois? — perguntou ainda outra professora.

Elisinha continuou:

— A gente volta para o Espaço, para o mundo espiritual, porque o Espírito não morre, é eterno. Fica uns tempos lá, aprendendo a se educar com os guias espirituais e os nossos parentes que foram antes de nós e nos amavam muito, e sob a proteção de Jesus Cristo. Depois, nascemos outra vez na Terra, tornamos a ser nenezinho, tornamos a crescer, tornamos a fazer uma porção de coisas que aprendemos no mundo espiritual... Depois, tornamos a desencarnar e tornamos a voltar outras vezes para vivermos neste mundo, até que não seja mais preciso viver na Terra, pois já estaremos adiantados moral e espiritualmente... E passaremos a reencarnar em planetas mais adiantados e melhores do que a Terra, a fim de progredir mais. A mamãe disse que é assim que nós progredimos até ficarmos sábios e bons de todo, conforme Jesus deseja que sejamos. Por isso, ninguém se perde nem vai para o inferno. Nossos pecados serão expiados e reparados aqui mesmo, na Terra, através das reencarnações. O inferno não existe. Todos os filhos de Deus hão de ser salvos. Papai disse que por isso Allan Kardec criou este lema para nós: "Nascer, viver, morrer, renascer de novo e progredir sempre, tal é a lei".

— Mas, Elisinha, o que é o Espaço, onde fica isso?

— Eu já disse: o Espaço é o mundo espiritual, onde nós habitamos quando estamos desencarnados. Papai disse que o Espaço está em toda parte do universo, e em toda parte estão os Espíritos desencarnados.

— Então, por que não vemos os Espíritos?

— Porque os nossos olhos carnais não são apropriados para ver Espíritos, e sim para ver as pessoas de carne e osso e outras coisas que são da Terra, mas muita gente pode ver Espíritos porque têm o dom de vê-los. A tia Isabela e a dona Rosinha veem os Espíritos desencarnados. Elas são médiuns videntes.

14.4 A satisfação de papai

As professoras acharam tudo muito interessante, porque Elisinha dizia aquelas coisas com muita convicção, como se prestasse exame numa escola. Mas mamãe aproximou-se e a conversa terminou. Mamãe não deixou que a filha dissesse mais nada.

Uma professora disse à dona Elizabeth:

— Queira aceitar os meus parabéns, minha senhora! Sua filha é muito inteligente e, além disso, já possui uma crença definida: é espírita convicta!

Dona Elizabeth agradeceu a amabilidade da professora, despediu-se e voltou para casa com os filhos e Antonieta.

À noite, quando todos estavam reunidos na sala para conversar, dona Elizabeth contou o fato à família. O senhor Frederico ficou satisfeito e feliz, Elisinha ganhou muitos beijos e abraços de todos e, depois, papai pôs a mão na cabecinha dela e exclamou, comovido:

— Graças a Deus! Os nossos esforços não têm sido inúteis! Contando apenas sete anos de idade, a minha querida filhinha deu o primeiro testemunho da sua crença na Doutrina dos Espíritos e no Evangelho de Jesus Cristo! Não resta dúvida de que foi uma profissão de fé!

Deus a abençoe, minha filha!

* * *

Na verdade, na verdade te digo que se alguém não nascer de novo não poderá ver o reino de Deus. Não te admires de eu te dizer: Importa-vos nascer de novo. (João, 3:1 a 7.)

15

Conclusão

15.1 As comemorações do Natal

Aproximando-se o Natal, o senhor Frederico resolveu conceder férias aos filhos, à sua esposa e a si próprio. Os filhos haviam conseguido boas notas nas provas da escola e passaram de ano. No estudo evangélico-espírita o progresso fora idêntico, e esse fato triplicara a alegria no coração daquela família. Até mesmo o Adolfinho progredira muito, pois já sabia falar papai e mamãe, possuía dois dentinhos em cima e dois embaixo, batia palminhas, agitava o chocalho de matéria plástica, jogava beijinhos e engatinhava pela casa toda, como se fosse mesmo um gatinho, atrás do carrinho com que Elisinha o presenteara.

Na véspera do Natal, depois da distribuição de roupinhas, brinquedos e doces às crianças pobres, que vovó todos os anos fazia, a família Vasconcelos reuniu-se na casa de vovô para a prece da meia-noite. Depois, houve a ceia tradicional e a distribuição de presentes às crianças da casa, aos empregados, aos filhos dos empregados, aos amigos que estivessem presentes e às pessoas da família. Eles se presentearam uns aos outros com muita fraternidade, em memória do Natal de Jesus Cristo.

Correu tudo por entre muita alegria. Carlos e Eneida estavam um pouco cansados, pois haviam ajudado muito a vovó na distribuição de donativos aos protegidos dela. Mas receberam os presentes e ficaram alegres, o mesmo acontecendo a Elisinha. Só o Adolfinho ficara dormindo. Ainda era muito pequenino e não entendia essas coisas. Mas ganhou presentes também, e no dia seguinte, ao despertar, ele encontrou nos pés da caminha onde dormia um palhaço que batia palmas; uma gaita; uma sanfoninha; uma bola; um terninho de roupa, muito bonitinho, de fustão branco bordado de azul; um par de sapatinhos brancos com as meiazinhas e um estojo de sabonetes; talco; óleo para passar no corpo; uma mamadeira nova e uma escova bem macia para passar nos cabelinhos.

15.2 Vovô decide

Vovô possuía uma fazendola muito pitoresca no Norte do Estado do Rio de Janeiro, nos arredores de pequena cidade marítima, muito agradável, onde o ar é puro e o clima é saudável e fresco.

Ainda à mesa da ceia, vovô disse:

— Depois de amanhã, isto é, no dia 26, iremos para nossa fazendola, onde passaremos o Ano Novo e as férias de verão. Convido vocês todos, queridos filhos, a me seguirem para lá. É justo que repousemos das lutas cotidianas, desfrutando a doce paz do campo, local propício para continuarmos a estudar e meditar sobre os assuntos de Deus.

E, com efeito, no dia 26 de dezembro, a família Vasconcelos partiu de ônibus, pela manhã, para a fazendola do vovô, a fim de gozar no campo a temporada das férias.

Mas a fazendola era, antes, uma granja. Vovô pusera-lhe o nome de *Granja Feliz*. Também nós havemos de gozar as férias junto de Carlos, de Eneida e de Elisinha.

Partiremos para lá.

* * *

Aquele que pode ser, com razão, qualificado de espírita verdadeiro e sincero, se acha em grau superior de adiantamento moral. (KARDEC, Allan. *O evangelho segundo o espiritismo*, cap. XVII, it. 4.)

CONFIRA NOSSO PRÓXIMO LANÇAMENTO

EVANGELHO AOS SIMPLES

1

A Granja Feliz

Considerai como crescem os lírios do campo: não trabalham, nem fiam; contudo, vos afirmo que nem Salomão, em toda a sua glória, jamais se vestiu como qualquer deles.

(Mateus, 6:25 a 34; Lucas, 12:22 a 31.)

1.1 O encanto bucólico

Como foram encantadoras as férias passadas na Granja Feliz em companhia de vovó e de vovô!

Pela manhã, as três crianças: Carlos, Eneida e Elisinha saíram com o avô para o passeio diário, antes que o sol aquecesse demasiadamente a Terra.

Eles corriam os campos das plantações, os prados de pastagem do gado...

Visitavam os estábulos, os aviários, os pombais...

Examinavam, cheios de curiosidade, os pintinhos irrequietos, observando os zelos da mamãe-galinha para com a sua prole, sempre cuidadosa de revirar a terra com os pés e o bico, escolher bichinhos e grãozinhos perdidos, para que os filhinhos enchessem os papinhos até estofá-los com elegância verdadeiramente galinácea.

Brincavam com as crias novinhas das cabras, tão mansinhas, que comiam milho das mãos de vovô e das deles próprios... Seguravam, nas mãozinhas nervosas, os bacorinhos eternamente manhosos, a grunhirem pedindo alimento, e assistiam aos vaqueiros ordenharem as vacas leiteiras no estábulo, para que eles próprios, os meninos, saboreassem o leite morno e espumante...

Muito paciente, vovô explicava aos netinhos mil coisas instrutivas sobre a vida do campo, que eles muito apreciavam. Fazia isso de propósito, para continuar, ao ar livre, as aulas de moral educativa que papai dava em casa, na cidade.

Por exemplo: vovô visitava o apiário com eles e explicava a vida das abelhas, que são muito trabalhadoras, fabricantes de mel como se fossem pessoas humanas, inteligentes e conscientes dos próprios deveres.

A vida das abelhas representa uma verdadeira república, muito bem organizada, onde todos trabalham, e que é dirigida por uma "rainha", a quem as demais obedecem.

Vovô explicava, também, o instinto laborioso da formiga; os modos corteses que umas têm para com as outras e a disciplina que observam no cumprimento dos próprios deveres, coisa que muitos seres humanos deixam de praticar; e a organização admirável do formigueiro, outra república organizada com a inteligência e dirigida por uma chefa, ou "rainha". Tanto a formiga como a abelha fazem parte do gênero de insetos "himenópteros", isto é, que têm quatro asas membranosas, da família dos "formicídeos", que agrupa as formigas. Possuem grande importância econômica, quer como produtoras e polinizadoras (abelhas), quer como controladoras de pragas na agricultura.

Explicava a vida dos pombos, ave da família dos "columbinos", sempre amorosos e fiéis, zelosos do bem-estar da própria família; e o cuidado do joão-de-barro, gentil pássaro, que constrói a sua casinha de barro no galho das árvores, para abrigar a companheira e os filhotes. As casas do joão-de-barro têm os fundos voltados para o sul, a fim de evitar o incômodo das chuvas e dos ventos fortes, que vêm desse lado.

Quanta coisa magnífica vovô explicava sobre a natureza!

A vida do campo, tão bela e tão doce, construiu um refrigerante bálsamo para as almas sensíveis, que gostam de completar Deus na obra da natureza e com Ele confabular enquanto observam a pujança das plantações, a atividade dos animais, que ajudam o próprio homem no labor diário, a harmonia que se desprende de tudo, como bênção protetora do Céu.

Por toda parte, exuberância, encanto e beleza na extensão da vida campestre: aqui, uma planta mais tenra, que vovô acaricia, chegando um pouco mais de terra às raízes, com suas mãos protetoras; acolá, uma árvore frondosa, soberba, com a sua galharia carregada de frutos; mais além, o bosque, onde bandos de pássaros e outras aves se abrigam, alegremente, entoando hinos à natureza, e frágeis animaizinhos despertam para a vida.

Em torno, os cereais já maduros, prontos para a colheita, ou ainda verdes, avolumando-se aos raios do sol e sob a suavidade do sereno da noite. E, longe, o mugir dos bois, o relinchar dos cavalos, o ladrar dos cães, o cacarejar dos galináceos, o balir das cabras e das ovelhas, o arrulhar dos pombos, a voz dos campeiros, ou pastores, que sabem falar aos animais e são por eles compreendidos, como se fossem missionários de Deus que os auxiliassem a progredir na ascensão para a luz do raciocínio.

Os quadros bucólicos, plenos de beleza e harmonia pastoril, ficarão gravados, para sempre, no coração das três crianças. Elas lembrar-se-ão sempre deles, no futuro, e de vovô e de vovó também, com saudades, quando forem adultas.

1.2 Conversação

As crianças gostavam de conversar com o avozinho, durante os passeios, em digressões pelo campo:

— Os animais são de Deus, vovô? — perguntou, certa vez, Eneida, muito docemente, enquanto acariciava um cabritinho branco.

— Sim, minha filha! — respondeu o Dr. Arnaldo à netinha — Também são Criação de Deus, tal como nós. Por isso mesmo, precisamos amá-los e conceder-lhes bom trato, jamais os maltratando propositalmente.

— E é verdade que são nossos irmãos menores, vovô? — interveio Carlos, com suas inteligentes perguntas.

E vovô respondeu, prosseguindo sua bela conversação, à sombra das árvores, sentado sobre a relva:

— Sim, Carlos, não resta dúvida de que os animais são nossos irmãos menores, inferiores, uma vez que igualmente são Criação divina, e Deus é o Criador de todas as coisas. A Obra de Deus é sempre irmanada por um mesmo princípio e uma finalidade. O princípio é o Amor de Deus criando a sua própria Obra; a finalidade é a perfeição da Obra para a unificação com o próprio Deus. Nossa origem é Deus e nossa finalidade é a unificação com Ele. Por isso, somos irmanados com toda obra da Criação divina.

Um grande vulto do Cristianismo, Francisco de Assis, que viveu no século 13, dizia que se sentia irmão dos animais, dos minerais, dos vegetais e até das águas e do Sol. Ele era filósofo e sábio. Tudo isso é grandioso, Carlos, e tal estudo auxilia-nos a ser bons e a caminhar para Deus. Mas, vocês só compreenderão plenamente essa sublime questão quando forem adultos. Por enquanto, basta saber que os animais são nossos irmãos menores e que devemos tratá-los bem.

Mas Carlos, pensativo, tornou a dizer:

— Vovô! Não compreendendo por que sacrificamos os animais para nos alimentarmos com a carne deles.

— Meu filho! — respondeu vovô — Esse fato é constrangedor, não resta dúvida, mas isso acontece em vista das condições ainda muito materializadas e, portanto, inferiores do planeta em que vivemos. Porém, dia virá em que os homens, libertados da dominação da matéria, adquirirão outras condições fisiológicas para não mais necessitarem do alimento animal. E, então, tais costumes serão abolidos da face da sociedade humana, por uma determinação divina, mesmo. Aliás, existem muitos homens que já são vegetarianos, isto é, alimentam-se apenas de vegetais, dispensado o uso da carne. Mas, isso, por enquanto, é observado pela vontade própria de cada um, não existe ainda determinação divina para o caso... Quando vocês forem adultos, melhor compreenderão também esses delicados fatos e raciocinarão voluntariamente sobre eles.

— Que determinação divina é essa, vovô? Como hei de compreendê-la? — voltou o menino a indagar.

— Quando a nossa organização física não mais necessitar do alimento animal, outros produtos hão de aparecer, substituindo a carne. Eis, pois, a determinação da própria natureza, e, portanto, divina.. Isso, porém, é apenas uma hipótese. Lembre-se, meu filho, de que, no princípio do nosso mundo, existiam animais monstruosos, os quais desapareceram, dando lugar aos que hoje aí estão. É possível, portanto, que também os de hoje venham a desaparecer pela própria ação da natureza.

Às vezes, avô e netos sentavam-se no alto dos promontórios, contemplavam a majestade do oceano e se sentiam deslumbrados e temerosos. Certa vez, Carlos disse cheio de respeito, como se orasse:

— Mas é mesmo! Contemplando a obra da natureza, contemplamos a Criação de Deus! Para que possam existir esses animais; essas plantas; essas flores com seus variados perfumes; essas matas cheias de vida e de encanto; os pássaros, que nos deliciam com os seus gorjeios; as montanhas belas e veneráveis; o Sol brilhante que ilumina o espaço e nos enche a vida; oceanos magníficos... Sim! Seria preciso que, realmente, existisse um Ser Supremo, Criador e Diretor de todas as coisas!

— E, também, nós mesmos... E os astros, que se equilibram no espaço infinito, como diz mamãe. — aparteou Eneida, humildemente, à meia voz.

— Papai tem razão quando afirma, em nossas reuniões de Evangelho, que nada disso poderia haver se Deus não existisse para tudo criar e dirigir com a força da sua Vontade soberana! — interveio Carlos.

— É verdade, meu filho! — respondeu vovô, comovido com o raciocínio do menino. É verdade! O universo é a glória de Criação de Deus! Deus se glorifica nele, como ele se glorifica em Deus!

Como eram encantadoras as lições que vovô dava, ao ar livre, aos três netinhos, durante as belas excursões matinais!

Como foram encantadoras aquelas férias! Que linda e pitoresca aquela mansão à beira mar, aquela Granja Feliz, que parecia irradiar alegria e paz em seu derredor.

A família espírita

Carlos, Eneida e Elisinha passaram ali as férias todas, mas nem um só dia vovô deixou de dar aos queridos netinhos as belas lições sobre Deus, a natureza e a beleza da Criação, durante as aprazíveis excursões através dos campos.

* * *

Considerai como crescem os lírios do campo; não trabalham nem fiam; Eu, contudo, vos afirmo que nem Salomão, em toda a sua glória, jamais se vestiu como qualquer deles. (MATEUS, 6:28 e 29.)

Referências

BÍBLIA. Português. *Bíblia sagrada*. Tradução: João Ferreira de Almeida. ed. rev. e atualizada. Rio de Janeiro: Sociedade Bíblica do Brasil, 1959.

DENIS, Léon. *No invisível*. 6. ed. Rio de Janeiro: Federação Espírita Brasileira, 1957.

KARDEC, Allan. *O evangelho segundo o espiritismo*. 41. ed. Rio de Janeiro: Federação Espírita Brasileira, 1953.

LIMA, Hildebrando de; BARROSO, Gustavo. *Pequeno dicionário brasileiro da língua portuguesa*. São Paulo: Civilização Brasileira, 1943.

ROPS, Daniel. *A igreja dos apóstolos e dos mártires*. Porto: Livraria Tavares Martins, 1960.

O EVANGELHO NO LAR

Quando o ensinamento do Mestre vibra entre quatro paredes de um templo doméstico, os pequeninos sacrifícios tecem a felicidade comum.*

Quando entendemos a importância do estudo do Evangelho de Jesus, como diretriz ao aprimoramento moral, compreendemos que o primeiro local para esse estudo e vivência de seus ensinos é o próprio lar.

É no reduto doméstico, assim como fazia Jesus, no lar que o acolhia, a casa de Pedro, que as primeiras lições do Evangelho devem ser lidas, sentidas e vivenciadas.

O espírita compreende que sua missão no mundo principia no reduto doméstico, em sua casa, por meio do estudo do Evangelho de Jesus no Lar.

Então, como fazer?

Converse com todos que residem com você sobre a importância desse estudo, para que, em família, possam compreender melhor os ensinamentos cristãos, a partir de um momento de união fraterna, que se desenvolverá de maneira harmônica e respeitosa. Explique que as reflexões conjuntas acerca do Evangelho permitirão manter o ambiente da casa espiritualmente saneado, por meio de sentimentos e pensamentos elevados, favorecendo a presença e a influência de Mensageiros do Bem; explique, também, que esse momento facilitará, em sua residência, a recepção do amparo espiritual, já que auxilia na manutenção de elevado padrão vibratório no ambiente e em cada um que ali vive.

Convide sua família, quem mora com você, para participar. Se mora sozinho, defina para você esse momento precioso de estudo e reflexões. Lembre-se de que, espiritualmente, sempre estamos acompanhados.

Escolha, na semana, um dia e horário em que todos possam estar presentes.

O tempo médio para a realização do Evangelho no Lar costuma ser de trinta minutos.

As crianças são bem-vindas e, se houver visitantes em casa, eles também podem ser convidados a participar. Se não forem espíritas, apenas explique a eles a finalidade e importância daquele momento.

O seguinte roteiro pode ser utilizado como sugestão:

Preparação: leitura de mensagem breve, sem comentários;

Início: prece simples e espontânea;

Leitura: *O evangelho segundo o espiritismo* (um ou dois itens, por estudo, desde o prefácio);

Comentários: breves, com a participação dos presentes, evidenciando o ensino moral aplicado às situações do dia a dia;

Vibrações: pela fraternidade, paz e pelo equilíbrio entre os povos; pelos governantes; pela vivência do Evangelho de Jesus em todos os lares; pelo próprio lar...

Pedidos: por amigos, parentes, pessoas que estão necessitando de ajuda...

Encerramento: prece simples, sincera, agradecendo a Deus, a Jesus, aos amigos espirituais.

As seguintes obras podem ser utilizadas nesse momento tão especial:

O evangelho segundo o espiritismo, como obra básica;

Caminho, verdade e vida; Pão nosso; Vinha de luz; Fonte viva; Agenda cristã.

Esse momento no lar não se trata de reunião mediúnica e, portanto, qualquer ideia advinda pela via da intuição deve permanecer como comentário geral, a ser dito de maneira simples, no momento oportuno.

No estudo do Evangelho de Jesus no Lar, a fé e a perseverança são diretrizes ao aprimoramento moral de todos os envolvidos.

www.febeditora.com.br
@febeditoraoficial
@febeditora

Conselho Editorial:
Carlos Roberto Campetti
Cirne Ferreira de Araújo
Evandro Noleto Bezerra
Geraldo Campetti Sobrinho – Coord. Editorial
Jorge Godinho Barreto Nery – Presidente
Maria de Lourdes Pereira de Oliveira
Miriam Lúcia Herrera Masotti Dusi

Produção Editorial:
Elizabete de Jesus Moreira

Revisão:
Affonso Borges Gallego Soares
Davi Miranda
Jorge Leite
Paola Martins

Projeto Gráfico e Capa:
Ingrid Saori Furuta

Capa e Diagramação:
Rones José Silvano de Lima – instagram.com/bookebooks_designer

Foto de Capa:
Dmccale | www.dreamstime.com

Normalização Técnica:
Biblioteca de Obras Raras e Documentos Patrimôniais do Livro

Esta edição foi impressa no sistema de Impressão pequenas tiragens, todos em formato fechado de 155 x 230 mm e com mancha de 116,5 x 180 mm. Os papéis utilizados foram o Off white 80 g/m² para o miolo e o Cartão 250 g/m² para a capa. O texto principal foi composto em fonte Minion Pro 11,5/15,2 e os títulos em Filosofia Grand Caps 24/25. Impresso no Brasil. *Prezita en Brazilo.*